Bias for
the analyst

データ分析に
必須の知識・
考え方

認知
バイアス 入門

分析の全工程に発生するバイアス
その背景・対処法まで完全網羅

ソシム

はじめに

バイアス（bias）とは「偏り」を意味する言葉ですが、分野によって様々な意味合いで使われています。特に、認知バイアス（cognitive bias）は心理学の世界で発見された「私たちを『理想的な思考』から遠ざける『無意識の心の働き』」のことで、行動経済学や法科学、医師等の高度な判断を担う専門家教育の分野などで大変注目されています。

本書は、この認知バイアスを中心に以下3種類のバイアスを取り上げ、分析者（広くデータの活用を志向されている方々）に向けて解説するものです。

- ・認知バイアス
- ・社会的バイアス
- ・統計的バイアス

そしてこの「分析者に向けて」という視点の違いこそが、既存の認知バイアス本とは大きく異なる本書だけの特徴となっています。

本書では、各種バイアスについての、特に認知バイアスについての基本知識、および対処法についての知識こそ分析者に必須であると考え、これを中心に解説を行います。なぜなら、認知バイアスは私たち個々人の心内で働くものなので、社会的バイアスの温床であるだけでなく、分析者の心を介し一見無縁に見える統計的バイアスにも影響を与える、最も根源的なバイアスだからです。

ところが、既存の認知バイアス本は「社会人全般」という視点で書かれているものばかりで、分析者のバイブルになるようなものは見当たりません。なぜ、分析者にとってのバイブルになり得ないのかというと、200種類近く存在すると言われる認知バイアスの中の何が原因で、分析にどんな不都合な結果を生じさせるかの具体的な説明が提示されていないからです。

例えば、私たちは**後知恵バイアス**（ある結果を知ると、あたかもそれを事前に予見していたかのように感じる傾向）というものを持っています。例えば、売れ出した芸人を見て「俺はずっと売れると思っていたんだよ」と感じさせるものです。ただ、このバイアスの弊害も、誰に向けて書くかで内容は大きく変わってき

ます。もし仮に「部下を持つ管理職」に向けて書くのなら「部下の成功や失敗の裏側にあった苦労を決して軽んじないように、定量的で客観的な情報に基づき人事評価をしましょう」などと表現することになるでしょう。

では、この後知恵バイアスについて「分析者」が注意すべき点は何でしょうか？

既存の認知バイアス本を読む場合、バイアスごとに「分析者にとっての注意点は何か」を読者である分析者自身が考えなくてはなりません。しかしそれでは、認知バイアスの知識を分析業務に反映させることはとても難しいでしょう。

だからこそ、社会人全般の方々を対象とした認知バイアスについての知識ではなく、「分析者のための」という視点での知識が必要だと考え、本書を書かせて頂きました。

ここまで読んで下さった方の中には「分析とは決められた手順通りに進めるものだから、認知バイアスの影響は受けにくいのではないか」と感じられた方もいるでしょう。おそらく、そこには分析業務への誤解があると思います。

実際、分析業務は「データをどう加工するかの手順・約束事」の多い仕事ですが、分析経験が深まってくると、実はその分析手順には無数の組み合わせが存在し、分析者は常にその中のどの道を進むのかの分析的判断を迫られていることに気が付かされます。そして分析者の持つ認知バイアスは、この一つ一つの分析的判断に潜り込んでくるのです。つまり、分析に熟練し分析的判断の機会を認識できるようになるほど、分析者は自身の認知バイアスの影響に晒されることになります。

ところが、私たちは**バイアスの盲点**という認知バイアスのために、「自分はバイアスの影響を受けにくいから大丈夫」と過信する傾向があります。そのため、分析者自身は科学的に分析を遂行しているつもりでも、実際には分析者が無意識的に期待する結果を得るように、分析が歪められていることがあるのです。

例えば、本書の中に**確証バイアス**（分析者にお気に入りの仮説があると、それを支持する情報を過大評価してしまう傾向）に焦点を当てた解説があります。そこでは、FBIの指紋鑑定士（一流の法科学者）たちが科学的手順に則り分析したにも関わらず、最終的な分析的判断＝容疑者特定を誤った事例を紹介しています。

この分析的判断の失敗は、テロ実行犯の誤認逮捕という歴史に残る形で記録されていますが、本書ではこの時の科学者（指紋情報の分析者）の心内で働いていた認知バイアスを紹介するだけでなく、これへの対処法を合わせて解説しています。

　本書がこういった事例を取り上げる理由は、①先述の「分析に慣れるほど認知バイアスの影響を受ける機会が増える」といった点に自覚的になって欲しいことに加え、②統計学などの知識や考え方に習熟するだけでは、認知バイアスから逃れるのは難しいことをお伝えするためです。

　つまり、分析者が認知バイアスを学ぶ意義は、分析工程の中で下される一つ一つの判断から偏り（バイアス）を除去することにあるのです。それは「偏りのない分析的判断」に必須の知識だとお考えください。

　本書では、統計学などの知識がなくても読み進めて頂けるように、複雑な数式は一切使わずに解説しています。また、既に統計的知識をお持ちの方々には、従来ほとんど注目されてこなかった「認知バイアスとその他バイアスとの関連性」を一目で理解してもらえるように、豊富な図版を用いてお伝えすることに努めました。

　読者の皆様の背景知識に合わせて、本書を活用して頂ければ幸いです。

統計的バイアスの基礎

第2章

認知の癖に起因する統計的バイアスへの対処法

機械学習とバイアス

第3章

私たちの外側にある推論マシーンとの向き合い方

第4章 記憶由来のバイアスの罠
風呂場で死ぬより、コロナで死ぬことを恐れる理由

第5章 認識由来のバイアスの罠
認識時に重視される「正確さ」以外の基準を知る

第6章 判断由来のバイアスの罠
物事を「自分と切り離して」分析し判断する難しさ

第7章　因果関係の錯覚への対応
科学的な因果関係の４つの認定基準を知る

第8章 ケーススタディ
分析の流れの中でバイアスへの対処法を学ぶ

第 1 章

分析者にとっての認知バイアス

複雑な世界と繋がり続けるための認知の癖を知る

　　分析者にとって、バイアスは分析結果の信頼性を低下させてしまうものです。本章では、このバイアスの正体を認知の働きから紐解き解説していきます。

　　ただ、バイアスの種類は非常に多岐に渡るため、個別のバイアスを理解しようとするのではなく、大きく3種類のバイアスに注目し解説します。中でも、最も焦点を当てるものが「認知バイアス」です。このバイアスが、私たちの心のどこからやって来るのかを探り、その対応策についても見ていきましょう。

1.1 分析者にとっての認知バイアス

本書が取り上げるバイアスの種類とその概要

バイアス（bias）は「偏り」を意味する言葉ですが、様々な分野で少しずつ違った意味合いで使われています。そのため、少し分野を跨いで理解しようとすると、どんな意味なのかと戸惑ってしまうことがあります。そこで本書では、「分析者がより良い分析結果を導けるようになる」という本書（本シリーズ）独自の目標に照らし、3つの種類のバイアス（認知バイアス、社会的バイアス、統計的バイアス）について取り上げ解説していきたいと思います。

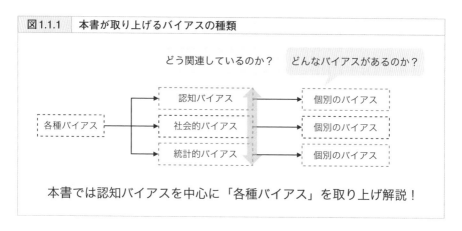

図1.1.1　本書が取り上げるバイアスの種類

どう関連しているのか？　どんなバイアスがあるのか？

各種バイアス → 認知バイアス → 個別のバイアス

社会的バイアス → 個別のバイアス

統計的バイアス → 個別のバイアス

本書では認知バイアスを中心に「各種バイアス」を取り上げ解説！

通常、この3つの中で分析者が最初に学ぶものは**統計的バイアス（statistical bias）**でしょう。そこでは、統計的な観点から誤差（真の値と分析による推定値との乖離）が分解されていき、その中にバイアスという言葉が登場します[1]。このバイアスの知識はデータ分析の設計に欠かせないため、本書でもまた改めて取り上げていきます。

---

1) 統計的には、誤差は系統誤差と偶然誤差に分解され、前者の系統誤差がバイアスと呼ばれます。この点については改めて解説します。

　ところで、本書の主役はこの統計的バイアスではなく、**認知バイアス（cognitive bias）**です。この認知バイアスとは、一体どんなものなのでしょうか？

　例えば、私たちは何かしらの先入観や自説を持っていると、それを否定する情報に遭遇しても、最初の考えに固執してしまうという思考の癖を持っています。このように、正しい情報に基づいて考えるという、本来望まれる「理想的な思考」から私たちを遠ざけるように作用する心の働きが認知バイアスです。

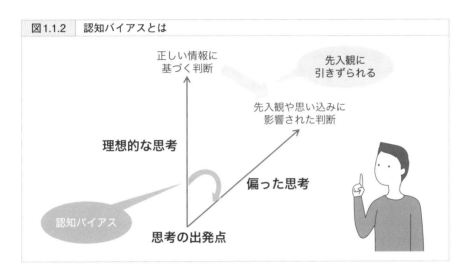

図1.1.2　認知バイアスとは

　また本書では、**社会的バイアス（social bias）**についても取り上げます。これはバイアスの中でも、ある特定の人種や性別、または価値観を持った社会的集団に対して働くもので、差別に発展する可能性のある怖いバイアスです。

　例えば、特定の人種であることを理由に銀行融資の承認率が変わるような統計的なモデルは、差別的であるとして実務でも問題になります。このように、社会的バイアスは分析者にとっても無視のできないバイアスなのです。

　さて、本書で取り上げるバイアス種別の紹介と概説はここまでとして、次は分析者が認知バイアス（や社会的バイアス）を中心に学ぶことの意義をお伝えしたいと思います。

分析者が認知バイアスを学ぶべき理由

　本書で取り上げるバイアスを改めて以下のように並べてみると、統計的バイアスは、その他バイアスと比べて少し離れた個別のテクニカルな問題のように見えます。

①認知バイアス：私たちの思考などに見られる心の働きの偏り
②社会的バイアス：ある社会的集団に対する先入観や偏見、またはそれらから生じる心の働きの偏り
③統計的バイアス：統計的誤差（真の値と推定値の乖離）の中でも特に系統的な偏り

　分析者は統計的バイアスを学べば十分じゃないのか、そんな風に思うかもしれません。しかし本書では、それでは十分ではないことを強調します。なぜなら、認知バイアスは分析者がその影響を受けていないと感じていても、分析結果に大きな影響を与えるものだからです。

　これは一流の科学者であっても例外ではありません。

　2004年、スペインのマドリードで起きた電車爆破テロの捜査では、法科学者（FBIの指紋鑑定士）の鑑定ミスによって、テロ実行犯の誤認逮捕が起きました。そしてこの鑑定ミスの背景を調査したレポートが指摘した内容は、鑑定手法的なものではなく、鑑定士たちの認知バイアスだったのです（詳細は6章で詳しく取り上げます）。

　ここで伝えたい点は、各分野の専門家がどれだけ高度な科学的手続きに従っても、認知バイアスの影響からは逃れられないということです。分析工程には、分析者に委ねられた判断が随所に存在し、そこに認知バイアスが潜り込むからです。普段から、統計的バイアスに向ける注意力の一部でもいいので、認知バイアスにも向けて欲しい。これが本書からのメッセージです。

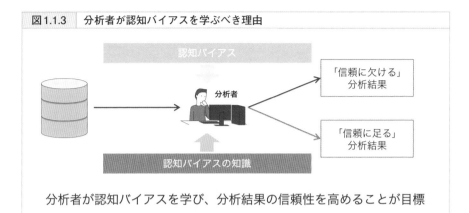

図1.1.3　分析者が認知バイアスを学ぶべき理由

分析者が認知バイアスを学び、分析結果の信頼性を高めることが目標

🔍 分析熟練者ほど注意してほしいバイアスの盲点

　認知バイアスへの注意を促されても、分析経験が豊富な人ほど「自分は問題ない」と感じるかもしれません。しかし、これこそが**バイアスの盲点（bias blind spot）**と呼ばれるバイアスなのです。皮肉なことですが、バイアス耐性に自信のある人ほどバイアスの影響下にいると考えた方がいいでしょう。

1.1のまとめ

・本書では、「認知バイアス」「社会的バイアス」「統計的バイアス」を取り上げる。
・認知バイアスは、私たちを「理想的な思考」から遠ざけるように作用する。
・認知バイアスによって分析結果の信頼性が低下する恐れがある。
・一流の科学者や分析熟練者でも、認知バイアスの影響からは逃れられない。

1.2 認知の働きを理解する

認知の働きを分解し理解する

　認知バイアスへの理解を深めようとすると、**認知（cognition）** という言葉の心理学的な意味を理解したくなります。そこで本書では、私たちの心を一種の情報処理マシーンに見立て[2]、認知の働きについて明確にしたいと思います。

　具体的に言うと、認知の働きは、記憶・認識・判断の3つの機能に分解して理解することができます。

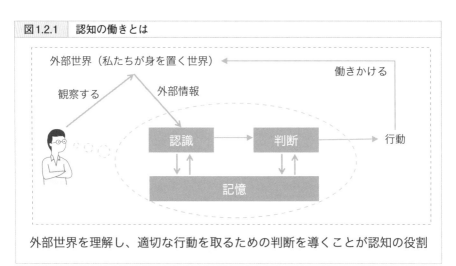

図1.2.1　認知の働きとは

外部世界（私たちが身を置く世界）

観察する　　外部情報　　　　　　　　　　　働きかける

認識　→　判断　→　行動

記憶

外部世界を理解し、適切な行動を取るための判断を導くことが認知の役割

　記憶（memory） は、自身が身を置く世界の中で、様々な経験やそこから得た知識を貯めるための機能です。試行錯誤をして積み重ねた経験や知識が記憶されているからこそ、将来、似たような状況に遭遇したときに過去よりも賢く行動することが期待できるのです。

---

[2] 心の働きを情報処理過程に見立てたモデルのことを「人間の情報処理モデル」と呼びます。本書では、特に分析者に関連深い機能に絞って紹介します。

　次は、**認識（recognition）**についてです。仮に自分が空腹だと認識できなければ、私たちはどうなってしまうでしょうか？　当然、生きるのに必要な「食べる」という行動さえも、適切に判断し実行できなくなるでしょう。また記憶の説明で記した通り、状況認識が適切にできることで、過去に得た知識の再利用が可能になります。このように、認識は記憶と連携して働くのです。

　判断（judgment）は「考えて決める」という最も人間らしい心の営みです。考える過程は**推論（reasoning）**とも表現できますが、ここでは「決める」という意味合いを強調するため「判断」としました。今私たちが注目している認知バイアスは、自然な心の反応、つまり無意識的なものです。ですので、この軽減のためには判断工程でそのことを「意識する」ことが重要になります。ただ、意識的な判断工程においてもバイアスは増幅され得るので、認知バイアスについての正しい知識の習得が求められます。

　認知バイアスは、これら3つのいずれかの働きに関連して、私たちを「理想的な心の働きから乖離させる」心の反応でした。この点を意識して、以降を読み進めてください。

記憶の癖を知る

　朝に飛行機事故のニュースを聞くと、午後に予約していた自分の便についても心配になる。これはとても自然な心の働きです。なぜなら、私たちには「思い出しやすい（想起の容易な）記憶を使って、物事を認識したり判断する癖（傾向）」があるからです。この傾向が常に悪いとは言えませんが[3]、過去の情報を平等に扱わず、飛行機事故のような印象深い記憶を優先して使うのは、果たして合理的な判断と言えるのでしょうか？

　このような癖を放置するのは、まるで人事査定の直前期に、上司アピールせざるを得ないスタッフの行動や状況を許すことと一緒で、決して褒められた状況とは言えません。

---

3)　多くの認知バイアスが生まれた背景の1つは脳の省エネ、つまり認知資源の節約が理由だと考えられています。

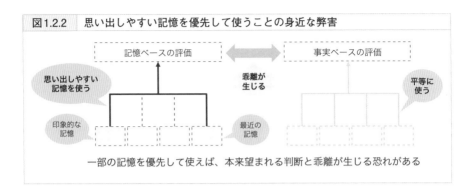

図1.2.2 思い出しやすい記憶を優先して使うことの身近な弊害

記憶ベースの評価　　　　乖離が生じる　　　　事実ベースの評価

思い出しやすい記憶を使う

印象的な記憶

最近の記憶

平等に使う

一部の記憶を優先して使えば、本来望まれる判断と乖離が生じる恐れがある

飛行機事故の話に戻しましょう。

例えば、全米安全評議会の「2020年の死因別オッズ」によれば、航空機事故の**オッズ**は計算不能（実質0）なのに対し、自動車事故は101分の1（飛行機よりも危険）です。他には、ガンが7分の1、コロナが12分の1、そして犬による攻撃が69,016分の1という水準でした。

犬の攻撃を恐れて外出を控えるのはどうかと思いますが、飛行機を避けるのは、統計的にはそれ以上に不可解な行動なのです。それでも私たちが飛行機事故を恐れるのは、**利用可能性ヒューリスティック（availability heuristic）**といって「想起の容易な記憶に関する事象の発生確率を過大評価する傾向」を持っているからです。このバイアスは、記憶の働きに由来するバイアスとして注意が必要です[4]。

オッズとは

オッズは、ある事象が起こる確率をpとした時、p/(1-p)で定義されます。確率pが小さいほどオッズは0に近づき、1に近いほど無限大に発散します。ですので、この数値が大きい方が「ある事象が起きやすい」と解釈されます。統計的なリスク解釈には欠かせない指標の1つです。

---

4) バイアスとヒューリスティックの違いは別途解説しますが、ここではバイアスと同じ意味で使います。両者とも結果として「理想的な思考から私たちを遠ざける」点では同じだからです。

記憶の癖に関して分析者が注意したいこと

記憶の癖に対する注意例として、スポーツを題材に考えたいと思います。

例えば、野球なら外野へボールが抜けるかどうかのギリギリの捕球などが印象的で、このようなプレーの多い選手は人気も評価（年俸）も高い傾向にあるとします。しかし、そもそも印象深いプレーとは、能力の限界近くで起きやすいものです。能力の低い選手と高い選手の対応できるプレーの幅、ゲーム内で要求される難易度別のプレー頻度を考えれば、能力の低い選手の方が印象に残るプレー機会に恵まれていることに気が付きます。

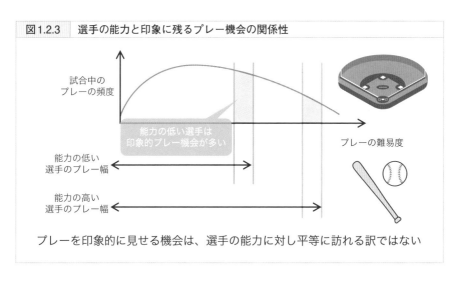

図1.2.3　選手の能力と印象に残るプレー機会の関係性

プレーを印象的に見せる機会は、選手の能力に対し平等に訪れる訳ではない

すると、印象的なプレーによって勝ち取った評価（年俸）が、果たして妥当なのかという疑問が生まれます。もし、あなたがチームのオーナーで、想起の容易性によって選手の年俸が歪められている可能性を指摘されたら、何を望むでしょうか。おそらく、勝利の貢献度に応じた年俸の適正化を指示すると思います。つまり、想起の容易性の影響を受けた評価データ（年俸や人事査定）は、スポーツに限らず、組織が真に求める成果（勝利や利益）との関係性を反映できていない可能性があるということです[5]。

---

5) 米メジャーリーグにおけるデータ分析体系セイバーメトリクスの普及により、多くのプロスポーツでデータ分析が浸透しました。そこで起きた大きな変化の1つは、玄人の評価からデータに基づく評価でした。

ここまでの流れを、データ測定という点から眺めてみましょう。

そもそもデータには、①身長計や体重計などの計測機器で測られるものと、②私たちの心を介して測られるものがあります。前者では、機器の経年劣化などによって系統的な誤差（実際より低く・重く計測されるといった乖離の方向の決まった誤差）が生じることがあります。そしてこれと同様に、後者では認知バイアスが原因となって系統的な誤差が生じることがあるのです。

今回のケースは、②のパターンの誤差が想起の容易性によって起きていると言えます。

図1.2.4　認知バイアスがデータに混入する場合

測定装置（機器）によるバイアス　　　測定装置（人間）によるバイアス

測定 → 身長や体重など　　　測定 → 人の評価など

機器の劣化などによりズレが生じる可能性　　認知バイアスによってズレが生じる可能性

人が「測定装置」となっているデータには認知バイアスの影響が刻まれやすい

分析者は「データの収集方法を確認しろ」と口酸っぱく指導されますが、それは「データにどんなバイアスが混入しているか」を見定めるためです[6]。では、このようなバイアスが混入したデータをどのように扱えば良いのか。次はその点を見ていきましょう。

記憶の癖が混入したデータへの対応

記憶の（想起の容易さによる）影響を受けたデータへの対処で最も単純なのは、この種のデータを使わないことです。ただ、それができないから悩むわけなので、ここでは選手への感覚的な評価値の適切な使い所を考えて活路を見出したいと思います。

---

6) 統計的バイアスでは、バイアスの発生理由が機器の経年劣化であれ、評価者の認知バイアスであれ、データ測定に起因するバイアスは**情報バイアス**に分類されます。

　さて、使うと決めた以上は選手の感覚的評価値の良い面を考えます。おそらくそれは、プレー内容を表す行動データでは表現できない、選手の人気度やチームへの陰ながらの貢献度のようなものが測れるということでしょう。これを年俸査定のような総合評価に使うからケチが付くのであって、総合評価の下位指標の1つとして使えば誰も文句は言わないはずです。

　そこで、図1.2.5のように、感覚的評価は選手の総合評価の一部に位置付け活用することにします。

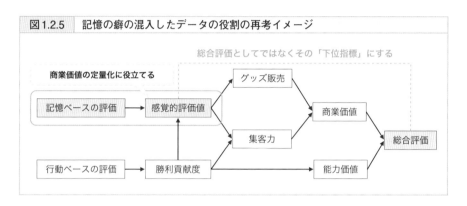

図1.2.5　記憶の癖の混入したデータの役割の再考イメージ

　プレー内容を表す行動ベースの指標から勝利貢献度のような計算を行うには、スポーツ分析固有の専門的な学習はもちろん必要となります[7]。ただ、本書で伝えたい点は、認知バイアスを含んだデータは完璧ではないけれど、現実に計測できるデータを補完するような役割はあるはずだということです。そして、データに適切な役割を与えるには、分析者が「分析対象の世界がどのような因果関係で働いているか」についての考えを持つ必要があるということです。

　図1.2.5はあくまでその一例に過ぎません。ただ、分析者ごと・組織ごとに違った考え方をしているから組織の判断や行動が変化する、これこそデータ分析の醍醐味なのではないでしょうか。

---

7)　**セイバーメトリクス**は野球を科学するための分析方法論ですが、WAR（Wins Above Replacement）という選手の総合的な勝利貢献指標が開発されています。野球に限らず応用の効く考え方になっており、分野を問わず学ばれると良いでしょう。

認識の癖を知る

次は、**認識（recognition）** の説明です。

例えば、車を運転をしていると様々な色や形の対向車が目に入ってきます。それでも、私たちは運転中に「少し形が違うけど、あれは車だろうか？」などと悩むことがありません。なぜなら、私たちは「個々には異なる特徴のものを似たもの同士にまとめる力」を持っているからです。

この能力のことを**カテゴリー化（categorization）** と呼びますが、仕組み自体は単純です。私たちは、何も個々の観察対象を記憶しているわけではなく、あるカテゴリーの**典型イメージ（プロトタイプ）** を記憶し、「目下の観察対象とプロトタイプの類似度」が十分に高ければ、それをカテゴリーのメンバーだと認識しているのです。

図1.2.6	類似度に基づくカテゴリー化のメカニズム

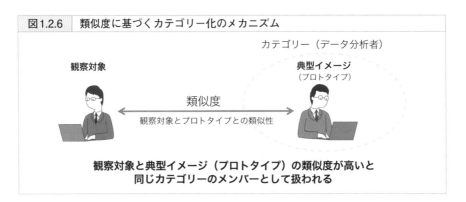

認知心理学では、観察対象とプロトタイプの類似度のことを代表性と呼び、これに基づきカテゴリーを認識する心の働きを**代表性ヒューリスティック（representativeness heuristic）** と呼んでいます。

カテゴリー化の能力は無意識に使えるためとても便利なのですが、実はこの代表性の計算過程にバイアスの温床が隠されているのです。

バイアスの温床となる代表性の計算過程

バイアスの温床を体感してもらうために、ここでは小さな実験をやってみたい

と思います。

　以下に挙げた特徴の人物の職業を予想してみてください。この人物の職業は、選択肢AとBのどちらの可能性が高いと感じるでしょうか？

> ・人物の特徴：分析が好きで、人の心や脳構造にも詳しい
> ・選択肢A：この人物は、データ分析者である
> ・選択肢B：この人物は、人工知能の技術に明るいデータ分析者である

　この問題の元となった実験では、実に参加者の85%の人が選択肢Bに相当する回答を選択しましたが[8]、皆さんの選択はどちらだったでしょうか？

　もし選択肢Bを選んだ場合は、代表性の計算過程の影響を受けて誤った選択肢を選んだことになります。

　実際、少し冷静に考えれば、単なるデータ分析者が「人工知能にも明るいデータ分析者」よりも数が多いのは明らかです。それでも選択肢Bの可能性が高いと感じてしまうのは、代表性の計算の仕組みにあります。どうも私たちは、この代表性を「観察対象とプロトタイプの間で一致する特徴の個数」で見積もっているようなのです。

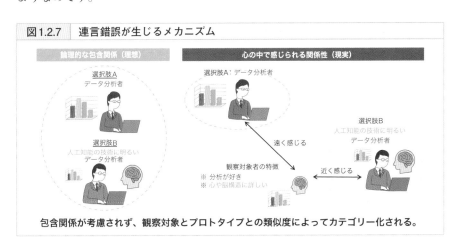

図1.2.7　連言錯誤が生じるメカニズム

論理的な包含関係（理想）　　心の中で感じられる関係性（現実）

選択肢A
データ分析者

選択肢B
人工知能の技術に明るい
データ分析者

選択肢A：データ分析者

選択肢B
人工知能の技術に明るい
データ分析者

遠く感じる

近く感じる

観察対象者の特徴
※ 分析が好き
※ 心や脳構造に詳しい

包含関係が考慮されず、観察対象とプロトタイプとの類似度によってカテゴリー化される。

---

8)　参考とした元実験は、イスラエルの認知心理学者エイモス・トヴェルスキー教授と米国の心理学者でノーベル経済学賞受賞者であるダニエル・カーネマン教授による、1983年の実験です。

このように、カテゴリー間の包含関係を無視して、本来発生頻度や確率の低い事象を過大に評価してしまうことを、**連言錯誤（conjunction fallacy）**と呼んでいます。

認識の癖に関して分析者が注意したいこと

カテゴリー化の特徴は、即決できそうな初期案を出して、それで私たちの認識を済ませてくれることです。例えば、コロナ禍のような状況下で発熱をすれば、その典型症状（プロトタイプ）を即座に思い浮かべ、自身の症状との比較でその疑いを深める（カテゴリー化する）。ここまでに要する時間は一瞬でしょう。米国の認知心理学者ゲイリー・クラインは、「私たちが結論に飛び付かないことは不可能である」と述べています。

ただ、この即断即決の心の働きも、分析者には危なっかしい所があります。彼らの仕事はどちらかというと、そういう飛び付きたい結論に対して「本当か？」と批判的な視点から裏取りすることだからです。つまり分析者としては、優柔不断と言われようと「たった1つの認識候補カテゴリーしか考慮せずに判断する」というのは避けたいのです。

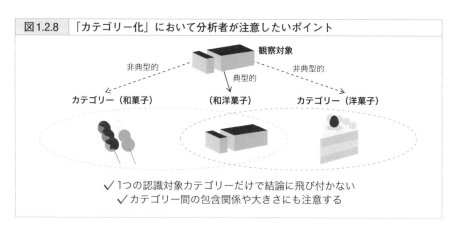

図1.2.8　「カテゴリー化」において分析者が注意したいポイント

観察対象

非典型的　　　　　　　　　典型的　　　　　　　　　非典型的

カテゴリー（和菓子）　　　（和洋菓子）　　　　カテゴリー（洋菓子）

✓1つの認識対象カテゴリーだけで結論に飛び付かない
✓カテゴリー間の包含関係や大きさにも注意する

この実践にあたっては、大きく次の3つのアプローチが考えられます。

①観察対象が所属するであろうカテゴリーの確率を、統計的なモデルで計算
する

②複数のカテゴリーを強制的に思考させる分析方法論を採用する

③結論に飛び付いた後、それが良かったのか否かを事後検証する方法を考え
て先に進む

この中で、分析者の手持ちの技術を発揮しやすいのは①です。これは候補カテ
ゴリーを事前に決めて、観察対象がどのカテゴリーに所属しやすいかの確率計算
を、統計的なモデルに直接計算させてしまうものです。こうすれば、カテゴリー
間の包含関係などに頭を悩ませることはなくなります[9]。

アプローチ②は、検討価値のある対象カテゴリーを強引に複数列挙してから分
析を開始させるという分析テクニックを使います。詳しくは6章で解説しますが、
競合仮説分析 (Analysis of Competing Hypotheses) などが役立つでしょう。

最後のアプローチ③は、先の認知心理学者ゲイリー・クラインの言葉の続きを
示したものです。彼は「人は結論に飛び付かないことは不可能だ」の後に「ただ、
結論に飛び付くことには常に意味がある」と続けています。これは、即断して失
敗しても、そこから失敗原因を学べばいいという趣旨です。組織では向こう見ず
な行動はできませんが、分析をじっくり行えるような状況も多くはありません。
そういう場合は、事後に行動の良し悪しを評価する方法を決めた上で先に進むし
かないのです。

判断を支える推論

判断 (judgment) の癖の代表例をパッと示せればいいのですが、判断の指し
示す範囲はあまりにも広いので、まずはその広さの感覚を共有することの方が意
義があるでしょう。

これまでに思考、推論、判断といった言葉をくり返し使って来ましたが、専門

---

9) ただ、このアプローチ①は「どんな状況のときに、どんな候補カテゴリー対象に対して確率計算をさせるのか」
を事前に決められる、恵まれた問題にしか使えません。

家の人はこれらの言葉をどう使い分けているのでしょうか？

　整理すると以下のようになります。

> ・思考：考えること
> ・推論：利用可能な情報から結論や新しい情報を導くこと（思考の過程）
> ・判断：考えを定めること（思考の帰結）

　判断は思考の帰結で、推論は思考の過程です。よって「判断の癖」を理解するには、思考の帰結に至る過程の「推論の癖」を理解するのが役立ちそうです。

　そこで推論について掘り下げていくと、そこにも様々な推論の型があるとわかります。ただ、あまり体系的に理解しようとすると情報が膨大になるので、本書では思い切って、分析者の実務に特に役立ちそうな **「確率的推論」** と **「因果推論」** の2つに絞り、本節ではさらに絞って「確率的推論の癖」について解説します（因果推論については7章などで別途取り上げます）。

🔍 思考を支える多様な「推論の型」

（1）演繹的推論
（2）仮説演繹法
（3）帰納的推論
（4）仮説的推論（アブダクション）
（5）カテゴリーに基づく推論
（6）確率的推論
（7）因果推論

確率的推論の癖

　確率的推論に関してよく指摘されるのは、「人はとにかく確率的推論に弱い」ということです。弱点を癖と表現するのはどうかと思いましたが、その他の表現との整合性を保つためにも、苦手なものも癖と表現させてください。ただ、認知バ

イアスと関係のない確率問題を紹介しても意味がないので、ここでは**基準率の無視（base rate neglect）**と呼ばれる、確率的推論に関する認知バイアスを紹介します。

コロナ禍を経て、PCR検査という言葉を聞いたことがない人はいないでしょう。ただ、こうした検査精度の数値解釈になると、2つの落とし穴のために解釈を誤ることがあります。

1つは、医療系の検査精度の一般的な定義を勘違いしていること、そしてもう1つは、先述の基準率の無視による結果数値の誤読です。

これについて、順に解説していきましょう。

図1.2.9をご覧ください[10]。図左側に「本当の状態」とありますが、これは（PCRなどの）検査の結果ではなく、医師によって確定された最終的な診断結果のことです。医師は1つの検査結果が陽性だったからと、それが病気だと診断を確定させるわけでないので、これら（本当の状態と検査の結果）の間には一致するケースもあれば、一致しないケースも生じます。

このように図の4パターンの存在を知ることが、今回紹介する認知バイアスを理解するためのスタート地点になります。

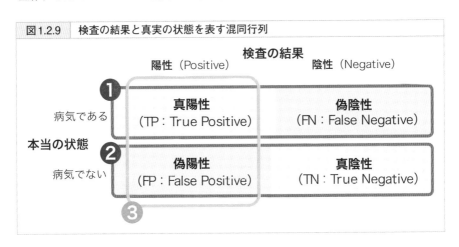

図1.2.9　検査の結果と真実の状態を表す混同行列

---

10) この行列は**混同行列（confusion matrix）**などと呼ばれ、検査結果のように、最終的に二択で表現できる判断の精度評価に活用されます。

ところで、ここで精度が表す内容の候補は、大きく次の3つになります。認知バイアスを理解してもらう2つ目の前提として、「一般的に医療の検査精度という言葉が指す内容は、以下の①や②であって③ではない」ということを知っておいてください。

①真陽性率：本当の状態が「病気である」人が、検査で正しく陽性と判定される割合
②真陰性率：本当の状態が「病気でない」人が、検査で正しく陰性と判定される割合
③陽性的中率：検査で陽性と判定された人が、本当に病気である割合

　なぜ、③が一般的ではないかというと、この陽性的中率は「どんな症状の人に検査を受けさせるか」によって、値が大きくもなるし小さくもなるものだからです（症状が既に出ている人だけに検査をさせれば、数値は大きくなる）。
　このように条件次第で数値を幾らでも操作できてしまう内容を、広く大衆向けに周知するのは相応しくありません。

基準率の無視を体感する

　ここで皆さんには、過去の心理学実験を模した認知バイアスの体感実験に挑んでもらいたいと思います。以下の2つの前提から、答えを考えて欲しいのです。厳密に考えてもらう必要はありません。80％以上？ 50％以上？などと考えてもらっていいですし、実際に自分が精度99％の検査で陽性判定が出たら気が滅入りそうだなどと、自分の感情を確かめてもらうだけでも構いません。

あなたは今、ある感染症の検査結果を待っている。以下2つの前提において検査結果が陽性だった場合、あなたが本当に病気である確率はどのくらいか？

前提①：この検査の真陽性率（本当に病気の人を正しく陽性と判定する割合）は99％
前提②：この検査の真陰性率（本当は病気でない人を正しく陰性と判定する割合）も99％

　もしここで、検査結果を受けて気が重くなったり、80％以上は当たるに決まっているなどと感じたなら、それは先に紹介した「基準率の無視」という認知バイアスの影響です。なぜなら、この問題の前提だけから得られる確率的判断の結論は「わからない（何とも言えない）」が正解だからです。

　この結論の正しさを確認してもらうため、図1.2.10を用意しました。陽性的中率が大きく異なる2つの数値パターンを掲載してあります。左右どちらのパターンも、もちろん先の前提①と②を満たしていますが、予想してもらった結論部分（陽性的中率：検査陽性の中で本当に病気の人の割合）を計算してみると左のパターンで1％、右のパターンでは99％となるのです。

図1.2.10　基準率で変化する、検査陽性の人が「本当に病気である確率」

さて、なぜこんなに陽性的中率が違うのでしょうか？

　それは左右のパターンで「検査を受けた人全体に占める、本当の状態が病気だった人の割合」が違っているからです。左は1万人に1人が病気だった場合（無症状の人にも広く検査をさせた場合）、右は2人に1人が病気だった場合（極めて症状が明確な人だけに検査させた場合）です。

　この割合のことを**基準率**と呼びますが、基準率の変化に対する陽性的中率の変化の大きさを頭で円滑に計算できる人はとても少ないことが、心理実験や統計学教育ではよく知られています。

このように、私たちは物事の基準率の影響を無視、または「無視するな」と言われても、過小評価する傾向を持ち合わせているのです。

本節の解説は以上です。認知の働きにおいて、特に分析者に関連する注意点を紹介しました。繰り返しになりますが、統計的バイアスだけでなく認知バイアスにも注意を向けましょう。自分たちの認知の働きの癖を知れば、それに気を付けて分析を進めることが可能になります。

1.2のまとめ

・認知には、記憶・認識・判断の3つの働きがある。
・認知の働きごとにある癖が、私たちを「理想的な思考」から遠ざける。
・記憶は物事の印象深さに左右されやすく、その客観的評価には向かない。
・私たちには、たった1つの結論（カテゴリー）に飛びつくように物事を認識する癖がある。
・私たちは総じて「確率的な推論」を苦手としている。

1.3 認知バイアスの起源を知る

認知バイアスの起源

　1.2では認知の働きごとに認知バイアスを俯瞰しましたが、これらのバイアスは一体どこからやって来るのでしょうか？

　本節では、個別のバイアスではなく認知バイアスの起源について探っていきたいと思います。

　認知バイアスは自然な心の働きであって、呼吸と同様に、私たちはこれを意識して働かせているわけではありません。一方で、何か文章を書くとか計算をするような場合には、今取り組んでいる内容に意識を向けて丁寧に思考を進めることもできます。これは心身を落ち着かせために、呼吸を意識的に深くゆっくりすることに似ています。

　こんな風に、思考も呼吸と同様、普段は無意識的に行えますが、大事な時には意識で制御することができるものなのです。そして、認知バイアスが無意識的に働くことを思い出してもらうと、この2つの心の働き方の無意識モードで認知バイアスは発生するのではないかと考えることができます。

　このような2つの心の働きを**二重過程理論（dual process theory）**と呼び、この中の無意識の思考モードが認知バイアスの起源になっていると考えられます。

　この理論をより深く知ることで、認知バイアスを発生させる原因についての理解を深めていきましょう。

図1.3.1　認知バイアスの起源

二重過程理論とは

郵便物を出そうと駅前の郵便局に向かったのに、気がつくといつもの駅改札口に向かっていた。皆さんには、このような経験はないでしょうか？

私たちの思考には、無意識的に動作するものと、意識的に動作する2つのモードがあると考えられています。この考え方のことを、**二重過程理論**と言います。

これによると、私たちの脳の標準モードは無意識的な思考です[11]。そのため、先述のような行動が起こるのです。ちなみに、無意識的な思考は**タイプ1**、意識的な思考は**タイプ2**と呼ばれ、各タイプの思考の特徴は図1.3.2のようにまとめられます。

図1.3.2　タイプ1とタイプ2の思考の特徴	
タイプ1	**タイプ2**
● 無意識的	● 意識的
● 直感的	● 内省的
● ヒューリスティック	● アルゴリズム的
● 自動的	● 制御的
● 早く並列的	● 遅く逐次的
● 知性と無相関	● 知性と相関
● 言語と関連付けられていない	● 言語と関連付けられている
● エラーが起きやすい	● エラーが起きにくい

出所：書籍「思考と推論：理性・判断・意思決定の心理学」（北大路書房）を参考に著者がアレンジ

ここで意識したい点は、タイプ2は意識的な処理のため疲れやすいということです[12]。一方で、タイプ1の思考は無意識的であまり疲れません。そして、このタイプ1の思考の中で多用されているのがヒューリスティックと呼ばれる思考様式であり、この部分にバイアスの1つの起源が隠されているのです。

---

11) 私たちは、日常生活の「大半の時間」を無意識の思考モードで過ごしていると言われています。心理学者のダニエル・カーネマンによれば、それは95%程度とされています。
12) 脳への負担は、**認知資源（cognitive resource）**の消費量で説明されます。タイプ2の思考を走らせるのは、重たいプログラム処理を走らせたときのパソコンの様子を思い浮かべてもらうと良いでしょう。

ヒューリスティックとは

あなたは料理を作るときに、レシピ通りに作っているでしょうか？

おそらく、手慣れた料理や忙しいときには適度に端折って調理していることでしょう。**ヒューリスティック（heuristic）** と呼ばれる思考は、この「うまく端折った調理」に相当するもので、**思考のショートカット**などとも呼ばれます。

一方で、ヒューリスティックと対になる思考は**アルゴリズム的思考**と呼ばれています。これは体系化された手順に従って進められる思考のことで、まさにレシピ通りの思考スタイルに相当します。

確率的判断を例として、両者の違いを図解したものが図1.3.3です。

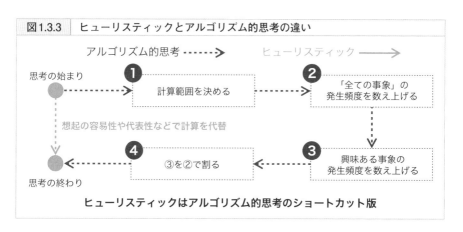

図1.3.3　ヒューリスティックとアルゴリズム的思考の違い

例えば、サイコロを1回振ったときに偶数の目が出る確率計算について考えてみましょう。

この場合、❶サイコロを1回振ることが計算範囲として決まり、❷1回振るということは1から6の目の全部で6事象で、❸その中で興味ある事象（偶数の目になる事象）が3事象だとわかって、❹求めたい確率が50%だと計算されます。

ところが、飛行機事故を恐れる心理要因として紹介した利用可能性ヒューリスティックでは、そのような思考は辿りません。ヒューリスティックは「想起しやすい記憶に関する出来事は、そうではない出来事よりも高い確率で起きる」といった感覚を使った思考のショートカットなのです。

二重過程理論によると、私たちの無意識的な思考モードはこのヒューリスティッ

クを多用しています。つまり、ヒューリスティックに支えられたタイプ1の思考は、思考を早く簡便に済ませることができる反面、その代償として認知バイアスを生じさせているのです。

　続いて、タイプ1の思考がどれだけ私たちの判断に根深く影響しているのかについて紹介します。

⊕ タイプ1の影響力

　1980年に、米国の心理学者ゲイリー・ウェルズ教授らによって実施された心理実験では、実験参加者の頭の振り方を変化させ、その後の判断への影響が検証されました。被験者は、頭の振り方を指示された上で、学費の値上げ（または値下げ）を主張するプレゼンテーションを聞かされます。その後、いくらの学費が妥当かと聞かれました。すると、頭を縦に振りながらプレゼンを聞かされたグループは、いずれの主張にも支持する傾向が強まったのです。

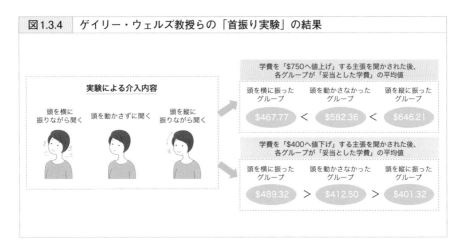

図1.3.4　ゲイリー・ウェルズ教授らの「首振り実験」の結果

　先行刺激（プライム）によって、その後の行動が無意識的に影響を受けることを**プライミング効果（priming effect）**と呼びます。この作用は根深く、例えば固い（hard）椅子に座って価格を交渉すると、その人は値引きに応じない、厳しい（hard）交渉者になるといった報告もされています。hardという言葉が使わ

れているだけのことが先行刺激となって、その後の（hardな）行動に影響を与えるのです[13]。つまり、自分の意志で決めたつもりの行動が、実は無意識の記憶に影響されているということです。

このように根深い振る舞いをするタイプ1の思考と向き合わないと、バイアスは軽減できません。

認知バイアス軽減の基本戦略

強力な「無意識の心の働き」への抗い方を、認知バイアスを軽減するための基本戦略として整理したいと思います。鍵になるのはタイプ2の思考です。迅速さと効率さの代わりにバイアスを生み出すタイプ1の思考を、タイプ2を使ってスピードダウンさせる必要があるからです。

バイアス軽減のための基本戦略を洗い出すに当たり、医師に対するバイアス除去研究で有名な、カナダのパトリック・クロスケリー博士の「思考過程の普遍モデル」を参考にします。ここで登場するキーワードは、**オーバーライド**（一方を他方で上書くこと）です。

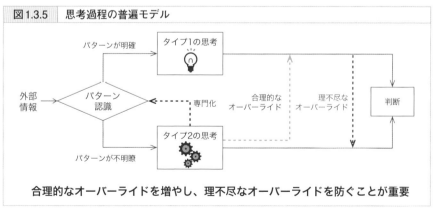

図1.3.5　思考過程の普遍モデル

出所：論文「A Universal Model of Diagnostic Reasoning」（Pat Croskerry）を参考に著者がアレンジ

---

13) プライミング効果は、思い出すのに意識を要しない「潜在記憶」が原因だと言われています。潜在記憶には、ブラインドタッチのような身体で覚える「手続き記憶」などがあります。

（1）合理的なオーバーライドを増やす

　焦っていたりすると呼吸がつい浅く速くなるように、ヒューリスティックが多用されるタイプ1の思考を使っていると思考も速く浅くなりやすく、認知バイアスを発生させやすい状態になっています。この状態を回避するには、深呼吸によって落ち着きを取り戻すように、タイプ2の思考によってタイプ1の思考を合理的にオーバーライドする必要があります。

　例えば、散歩しながら考える、誰かに自分の考えを言葉に直して伝えるといった「思考の速度を落とす工夫」をすることで、重要な判断の前には、この合理的なオーバーライドの機会を増やしましょう。散歩などしている時間がない場合は、深呼吸によって文字通り思考に一呼吸入れ、自分が下そうとしている判断に違和感がないかを確認しても良いでしょう[14]。

（2）理不尽なオーバーライドを減らす

　タイプ1の発動は無意識的に起こります。これを意識だけで制御するのは無理でしょう[15]。私たちにできることは、タイプ1が優勢になりやすい思考環境を避けることです。具体的には、疲労・ストレス・過重労働下での思考は避けましょう。これらはタイプ1を優勢にする因子として有名です。分析者に限らず、知的労働で成果を出すには休むことも仕事の内なのです。

（3）自動化されたパターン認識を疑う

　図1.3.5では、「タイプ2の思考」のボックスから「パターン認識」に向けて「専門化」の矢印が伸びています。この矢印の意味は、専門家が時間をかけ習得した意識的な思考回路（タイプ2）が、タイプ1の自動化された回路として使えるようになることを表しています[16]。この心の働きによって私たちは自分の成長を実感できるのですが、注意も必要です。

---

14) カナダの認知心理学ヴァレリー・トンプソン教授は、タイプ1の思考には「正しさの感覚（feeling of rightness）」が伴い、私たちはこれを頼りにタイプ2の思考機会を増やせることを確認しています。一呼吸入れることで、この正しさの感覚を感じる機会を増やすことが大切です。
15) 自分が制御できないものに対して「制御できるような気がする」と思うのは、**コントロールの錯覚**と呼ばれる認知バイアスです。
16) 心理学では、このように知識が深化・変容していくことを**熟達化（expertization）**と呼んでいます。

　今はどんな専門分野でも知識の陳腐化が早まっています。ですので、過去に努力して構築した思考の自動回路の結果が明確な答え（パターン）を示していたとしても、それを定期的に見直さなければなりません。しかし人は誰でも、自分が努力し自動化した思考回路を見直すことを嫌います。自分の専門的判断を疑うことは、認知バイアスを軽減する上で最も難しい挑戦と言えるかもしれません。

1.3のまとめ

- 私たちの思考には、タイプ1とタイプ2の2種類の思考が存在する。
- ヒューリスティックを多用するタイプ1はバイアスを生じやすい。
- バイアスの軽減には、タイプ2をタイプ1の監視役として賢く使う必要がある。
- タイプ1は、疲労やストレス状態で働きやすくなることに注意する。

1.4 各種バイアスの起源と特徴を知る

各種バイアスの起源

ここでは、認知バイアス以外のバイアスにも目を向け、その起源と中身を解説したいと思います。認知バイアスが生まれながらのバイアスであるとすると、その他のバイアスは後天的に生まれるものです。専門家が専門分野で対峙する必要のあるバイアス（分析者なら統計的バイアス）や、社会に生きる誰もが影響を受ける社会的バイアスがその代表例です。

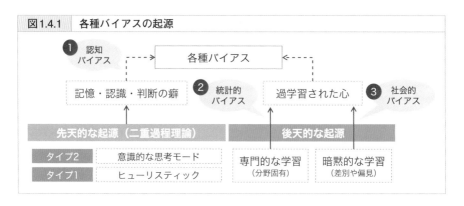

図1.4.1　各種バイアスの起源

図1.4.1の右側をご覧ください。本節で新たに解説するバイアスの起源の1つが**「専門的な学習」**です。私たち分析者にとっての専門的な学習とは統計学やプログラミング等に相当しますが、もちろんそれだけではありません。

先に紹介したクロスケリー博士は、救急医療の経験者としてドラッグ・シーカー（処方箋をなくしたことにして鎮痛剤等の再処方を求めるなど）に悩まされる救命医師たちの判断のバイアスを例に挙げています。

容易に想像できるように、ドラッグを求めて常連者のように何度も病棟に訪れる患者に対し、純粋に医学的見地から判断し続けるのは困難なことです。あるいは分析者の場合、例えば何度も同じデータを分析で扱っていると、段々と分析に

相応しくないデータの除去基準が甘くなってしまうことがあるでしょう。慣れやマンネリ感が統計的バイアスの温床になることもあるわけです。

　専門的な学習から生じるバイアスとは、単なる座学上のものではなく、こうした日々の実務経験からも生まれることに注意しましょう。

　もう1つのバイアスの起源は**「暗黙的な学習」**です。これは私たちが社会生活において、誰からともなく差別や偏見に基づく言動を見聞きする中で、それらを身に付けてしまうことを指した表現です。専門的な経験であれ社会的な経験であれ、それら経験が偏重したものであれば、私たちの心や頭はそれに対処しようとします。こういった偏った経験に特化して学びを深めていってしまった私たちの心のことを、ここでは**「過学習された心」**と表現しています[17]。

 ## 認知バイアスとは

　ここからは、各バイアスの特徴について簡単にまとめていきます。

　認知バイアスは、私たちがアルゴリズム的思考ではなくヒューリスティックを多用することで発生しやすくなっています。その結果として、3つの認知の働きごとに理想的ではない心の働きが生じて、最終的に理想と実際の判断結果に乖離が生じることになります。

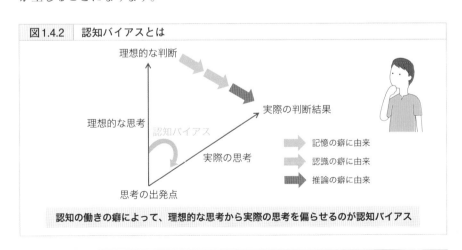

図1.4.2　認知バイアスとは

理想的な判断

実際の判断結果

理想的な思考

認知バイアス

実際の思考

思考の出発点

▷ 記憶の癖に由来
▷ 認識の癖に由来
▷ 推論の癖に由来

認知の働きの癖によって、理想的な思考から実際の思考を偏らせるのが認知バイアス

---

17) 機械学習では、あるデータに特化し過ぎた学習を過学習（overfitting）と呼び、クロスケリー博士は過学習（overlearning）という言葉で説明しています。単語は違いますが、どちらも同じ趣旨のものです。

統計的バイアスとは

　統計的バイアスとは、データ分析の工程で発生する個別のバイアスの総称のことで、このバイアスが大きくなるとデータ分析結果の信頼性が損なわれ、分析結果がその後の判断や行動に結び付けられなくなってしまいます。

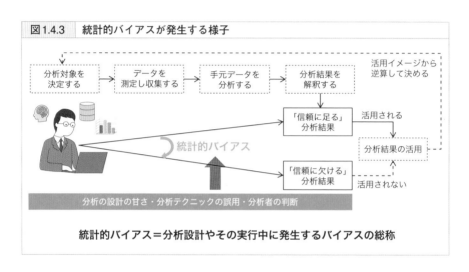

図1.4.3　統計的バイアスが発生する様子

統計的バイアス＝分析設計やその実行中に発生するバイアスの総称

　例えば、優秀な社員の退職を防止したいのに、よく考えずに全社員を対象に分析すれば、優秀ではない社員の退職理由も含まれてしまい、適切な退職防止策から分析結果を遠ざけてしまうかもしれません。またデータの測定に当たっては、そもそも人の心を介したデータの測定には（認知）バイアスが混入されやすいという前提もありました（P20の図1.2.4）。

　このように、統計的バイアスの主な起源は分析設計の不完全さに求めることができ、そこに分析テクニックの誤用などが無いように注意が促されてきました。ただ繰り返しになりますが、分析工程には分析者に委ねられた判断箇所が随所に存在するため、この判断が分析者の思い込みや価値観に引きずられると、分析結果の信頼性は損なわれてしまうのです。

　現在は、この最後の点を「認知バイアスの影響を受けた統計的バイアス」として理解しようとする流れが進んでいます（詳細は2章で解説）。

社会的バイアスとは

社会的バイアスは、性別や人種または価値観や思想など、ある特定の社会的集団に対する偏見またはそれによって、その後の判断が偏るというものでした。私たちは、なぜこのような判断をするようになってしまうのでしょうか。本節冒頭の図1.4.1で示した通り、社会的バイアスは「社会生活の中の偏った経験を学習してしまったせいで生まれるもの」であると考えられています。つまり、社会生活の些細な経験の中から偏った行動や知識を身につけてしまうのです。

(1) 社会的バイアスの伝達性

2016年、ワシントン大学の研究グループによって「幼稚園児に対して、ある30秒の映像を見せる」という心理実験が行われました。その映像は「ある女性Xが、人物Aには暖かく接し、人物Bには冷たく接する」という様子が記録されており、この映像を見た園児のその後の行動が調べられました。

結果、園児は「人物Bに冷たい態度をとった（意地悪な）女性X」にではなく「冷たい態度を取られた人物B」に対して懲罰的な行動（おもちゃを渡さないといった）を取るようになることがわかりました。冷たい人ではなく、冷たくされている人が攻撃されるのです。

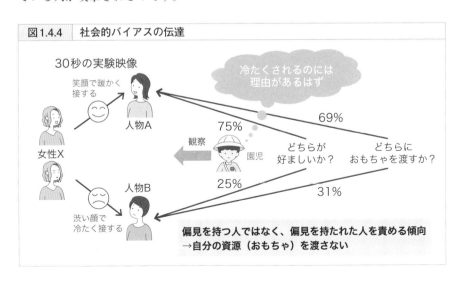

図1.4.4　社会的バイアスの伝達

このように、幼少期から「冷たくされている側を懲罰する」と私たちが学習しているのなら、既に社会に存在する偏見や差別意識を誰に教わることなく暗黙的に身に付けていたとしても、何ら不思議なことではありません。

つまり、社会的バイアスは世代を超え受け継がれることが懸念される厄介なバイアスなのです。

（2）社会的バイアスが刻まれたデータ

分析者が社会的バイアスにおいて注意すべきなのは、「データに刻まれやすい」という点です。例えば、機械学習[18]の分野では、アルゴリズムで自動化された「採用判断」などが人種によって異なっていたら、それは大きな問題となります。しかし、現実のデータは社会の中で生まれ、大抵はバイアスにまみれています。前述の園児の行動ではありませんが、私たちの自然な判断や行動は、悪意がなくても偏っているのが普通だからです。すると、そのデータを使って進められた機械の学習結果もまた、同様の偏見を示すようになってしまいます。

つまり、分析者が社会的バイアスに無頓着だと、データに隠された人のバイアスを再生産することに加担してしまう恐れがあるというわけです。

1.4のまとめ

- ・バイアスの起源には、先天的なものと後天的なものの2種類が存在する。
- ・統計的バイアスも認知バイアスの影響を受けて発生することがある。
- ・社会的バイアスは日々の生活の中で暗黙的に受け継がれていく。

18）機械学習は人工知能の要素技術の1つで、機械が外部情報を与えられたとき、人のように認識・判断できるように機械を学習させることが目的の技術です。

1.5 失敗の歴史から分析の役割を再考する

 ロボトミー手術の悲劇

　本節では、認知の働きやバイアスの起源といったミクロな視点からではなく、社会的な視点からバイアスの影響を確認していきたいと思います。というのも、分析者も組織・社会の一員として日々の業務遂行時にその影響を強く受けているからです。

　第二次世界大戦の影響で多くの人が心に傷を負った時代に、とある精神外科手術が生まれました。この時代背景を念頭に、以下の事例をお読みください。

> **事例　前頭葉ロボトミー手術の盛衰**
>
> 　ロボトミーは前頭葉の一部を切除する手術で、うつ病や不安症の症状を緩和させると評判になりました。1936年から1951年までに、アメリカでは約2万件の手術が行われています。その開発者である神経外科医のエガス・モニスは、1949年にノーベル生理学・医学賞を受賞し、日本でも1953年をピークに手術が行われました。その後、手術件数は減少していきますが、この手術の弊害が認識されるようになると大きな社会問題となります。日本では、1979年に手術を執刀した医者が殺害される事件が起きるに至りました。

　米国の心理学者、神経科学者のエリオット・ヴァレンスタインがまとめた「ロボトミー普及の要因分析結果の指摘」を参考に、この手術の始まりと終わりに影響したバイアスを紹介します。

(1) 記憶の罠：利用可能性カスケード

　ヴァレンスタインによると、この手術の普及の背景には「大衆メディアと権威ある医学雑誌による熱狂的な後押し」がありました。権威ある情報源から肯定的

に情報発信されれば、**権威バイアス**（権威者の言うことの正しさ過大評価する傾向）の影響を受けます。また、似たような肯定的情報に触れた多くの人々が、同時に利用可能性ヒューリスティックに影響されれば、人から人へと情報が連鎖して社会現象の原動力となります。これは**利用可能性カスケード（availability cascade）**と呼ばれますが、当時は正にこのカスケードが起きたと考えられます。

(2) 認識の罠：カテゴリー化の罠

　当時の精神病棟は、患者で溢れ返りスタッフも不足していました。現在のような向精神薬も開発前の時代で、電気ショックなど他の治療「カテゴリー」の効果も限定的でした。そこに救世主のように、1つの解決策が登場したのです。たった1つの選択肢（カテゴリー）に基づきカテゴリー化を進めるのは危険だとわかっていても、当事者にはその一手を取るしか無かったことが予想されます。本来、その安全性を担保するものが科学的分析ですが、当時は現代のような臨床評価の仕組みがなく、患者や現場の医師に判断が委ねられたのでした。

(3) 判断の罠：確証バイアス

　ある研究の中で、この手術の執刀医は「手術の後、私の患者の大半は悪くなるのではなく、良くなった」と発言しています。しかし、この手術の成績は、統合失調症の患者に対しては悪かったようです。では、医師の発言にある「患者」とは、一体どんな患者だったのでしょうか。当時は、現代のような臨床評価の仕組みがありません。つまり、自分の主張を正当化する情報だけを都合よく解釈していたかもしれないのです。

　このように、自分が主張したいことに役立つ情報ばかりを重用する思考の癖を**確証バイアス（confirmation bias）**と呼びますが、当時の手術推進派の医師は、このバイアスの中にいた可能性があります。

(4) 集団レベルの罠：内集団バイアス

　当時は、医師間のイデオロギー的・経済的競合（精神分析・精神療法に対する生物学的身体療法派の抗争）があったようです。私たちは、自分が属する集団（内集団）のメンバーが、その他メンバーよりも優れていると認識する**内集団バイアス（in-group bias）**を持っています。そして当時の抗争は、このバイアスの影

響を強めた可能性があります。

　また確証バイアスは、他者との議論で勝つ必要があるときにより強く作用することがわかっています。よって、イデオロギー的・経済的競合環境によって刺激された確証バイアスと、身内贔屓の内集団バイアスによって、科学的な根拠以上にこの手術の成果がアピールされた可能性が考えられます。

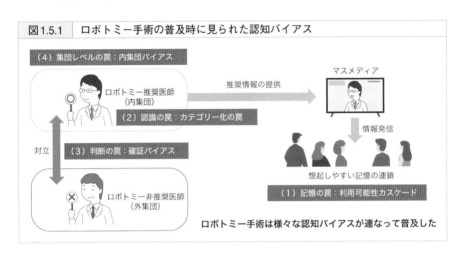

図1.5.1　ロボトミー手術の普及時に見られた認知バイアス

（4）集団レベルの罠：内集団バイアス

ロボトミー推奨医師（内集団）

マスメディア

推奨情報の提供

（2）認識の罠：カテゴリー化の罠

対立

（3）判断の罠：確証バイアス

情報発信

ロボトミー非推奨医師（外集団）

想起しやすい記憶の連鎖

（1）記憶の罠：利用可能性カスケード

ロボトミー手術は様々な認知バイアスが連なって普及した

　最後に、ロボトミー手術の終焉も紹介しておきます。

　利用可能性カスケードで始まったロボトミー手術は、利用可能性カスケードで終焉を迎えます。1971年、東京大学精神科の講師だった人物が、同大学教授の過去の研究が「ロボトミーを受けた患者の脳組織を不当に採取した行為の結果だった」とする告発文章を、日本精神神経学会理事長に提出したのが終わりの始まりでした。この告発がマスコミに取り上げられ、大きな社会問題になり、冒頭で紹介した痛ましい事件が起こったのです。

　当時と今とでは、SNS等の発展で情報の伝わり方は大きく変化しましたが、情報を受け取る私たちの心の反応は全く変化していないようです。

◎ チャレンジャー号の爆発事故

　分析者の多くは組織の中で働いています。そんな組織との関係性を考えるため、最後にもう1つだけ過去事例を紹介したいと思います。

> **事例** **NASAのスペースシャトル・チャレンジャー号の爆発事故**
>
> 　1986年1月28日、NASAのスペースシャトル・チャレンジャー号は、その打ち上げの73秒後に爆発し、7人の宇宙飛行士が犠牲になりました。その後の事故調査で、打ち上げ前日の電話会議の様子が明らかになります。後に問題となった部品の製造元企業の上級エンジニアは、冬場の低温での危険性を理由に、自社とNASA上層部に対して打ち上げを翌春まで延期するよう訴えていました。しかし、結果的にその警告は無視され、翌日の事故へと繋がったのです。

（1）集団レベルの罠

　この事故調査で注目された言葉が、**集団浅慮（groupthink）**です。集団浅慮とは、集団で考えた結果が、個人で考えたものよりも悪くなるという現象です。

　集団浅慮の兆候となる認知バイアスに、**全員一致の幻想（illusion of unanimity）**があります。これは、集団の結束を乱したくないという感情から「疑問や反論を自ら抑えること（自己検閲）」や「異論がないことは賛成を意味するといった誤った認識」に陥ることを指し、結果として全員一致の状況が作られます。

（2）理不尽なオーバーライドを誘発する環境要因

　打ち上げの前日、その打ち上げを延期するとNASAとしては4回目の延期となり、国民から無能と思われるプレッシャーを感じていました。一方のシオコール社（事故の物理的原因となったゴム製Oリングを提供）の経営陣もNASAからの契約打ち切りを恐れ、自社の技術陣に「技術者の帽子を脱ぎ、経営者の帽子をかぶれ」と圧力を与えています。こうした中、会議における技術者の警告は曖昧な（弱気な）ものになったのです。「摂氏12度以下での打ち上げは推奨しない」などの直接的表現での警告はなされませんでした。

（3）確証バイアスによる都合の良い解釈

　事故調査のため、大統領直属のロジャーズ委員会に入った理論物理学者のリチャード・ファインマンは、NASAの重大事故率の社内見積りの異常な幅（100分の1から10万分の1に及ぶ）にコメントを残しています。高い数値は現場の技術

部門、低い数値は管理部門から出されたものでした。経営陣がなぜ、天文学的に低い管理部門の数値を信頼できたのかが不思議であるとの指摘です。人は誰でも確証バイアスを使って、自分に都合よく数値を解釈します。

(4) 集団的な確証バイアス

　この事故では、**マインドガード**（mindguard）と呼ばれる現象も指摘されました。マインドガードとは、全員一致の合意形成を追求するあまり、厄介な情報から組織の意思決定者を守るという意味です。このケースでは、最終的な判断を前にOリングの専門家は意見することさえ求められなかったと証言しています。組織的に反証を避ける工夫という意味で、集団的な確証バイアスと言えるでしょう。

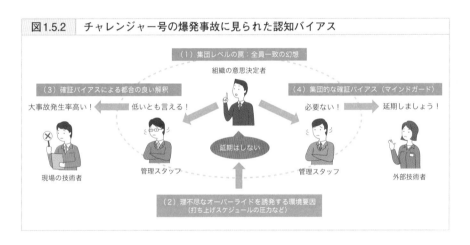

図1.5.2　チャレンジャー号の爆発事故に見られた認知バイアス

（1）集団レベルの罠：全員一致の幻想
組織の意思決定者

（3）確証バイアスによる都合の良い解釈
大事故発生率高い！　← 低いとも言える！

（4）集団的な確証バイアス（マインドガード）
必要ない！　延期しましょう！

延期はしない

現場の技術者　管理スタッフ　管理スタッフ　外部技術者

（2）理不尽なオーバーライドを誘発する環境要因
（打ち上げスケジュールの圧力など）

思考の外部安全装置としてのデータ分析

　ヒューリスティックや認知バイアスは、私たちが世界と繋がり生きていくために身につけた驚異的な能力です[19]。しかし、ランチのような日々の判断と、現代のように、科学的に高度に専門化された社会における専門家としての判断とでは、このバイアスの負の影響度合いが全く異なります。ロボトミー手術にしてもその効果のばらつきの大きさから、当初から手術の有効性に疑問をもつ医師は存在し

19）タイプ2の思考は認知資源の消耗が激しいため、これを標準にすることができなかったことを思い出しましょう。

ましたし、チャレンジャー号の事故に至っては、打ち上げ前夜の段階で技術者が明らかな不安を抱いていました。これらの疑問や不安を適切な判断へと繋げられなければ、甘んじてその結果を受け入れなければならないのです。

　組織レベルで求められる判断の安全装置とは、個人の合理性を高めるだけではなく、判断に対する組織のルール、手順、戦略が必要になります。このように考えると、データ分析とは単なる誤差の最小化ツールではなく、個人と組織の存続を守るための**思考の安全装置**として開発され配備されなければならないものだとも言えるでしょう（とはいえ、分析者個人がバイアスに打ち勝つことがスタート地点ですので、本書の目標は個人のレベルに留めています）。

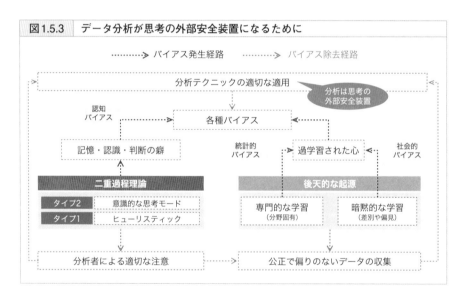

図1.5.3　データ分析が思考の外部安全装置になるために

1.5のまとめ

・認知バイアスは集団レベルの判断にも影響を与える。

・社会的な要請やプレッシャーが存在すると、判断を誤りやすくなる。

・自分たちに都合よく情報を解釈させる確証バイアスには注意が必要。

・分析者個人の認知バイアスへの対処が、分析を思考の安全装置とする第一歩となる。

第 2 章

統計的バイアスの基礎

認知の癖に起因する
統計的バイアスへの対処法

　認知バイアスが、私たちを理想的な思考から遠ざける
「心の働き」なのに対し、統計的バイアスは「統計的な誤
差」の一種です。一見別物に見えるこれらバイアスにも、
実は深い関連があることを解説します。特に、分析者の
心の働きによって統計的誤差が放置されたり、分析結果
が誤解釈され得ることを紹介していきます。

　認知バイアスと統計的バイアスの関連性を把握するこ
とで、分析全体の信頼性を高めるために分析者が何をで
きるのかについて見ていきましょう。

2.1 統計的バイアスの種類

 ## 誤差とは

　統計的バイアスの理解に向けて、まずは**誤差（error）**の解説から始めます。

　誤差は「分析で推定された値と真の値との乖離」と表現できるものです。例えば、スマホの地図アプリを開けば、私たちの位置がかなり正確に推定されていることに気が付きますが、これが完全には正確でないことも理解されていることでしょう[1]。このように、推定された場所と本当にいる場所との乖離のことを誤差と呼びます。

図2.1.1　誤差とは

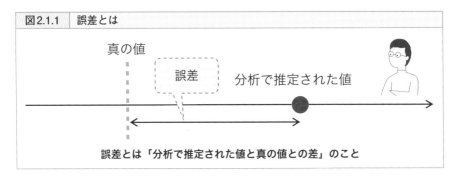

誤差とは「分析で推定された値と真の値との差」のこと

　ここで、図2.1.2の左側をご覧ください。図の真ん中は自宅等の「本当にいる場所」を表し、この位置の推定を繰り返した結果として、実際に「推定された場所」が右上に集中している様子が描かれています。

　この推定結果には、以下2つの特徴があります。

---

①高い**再現性（repeatability）**：何度推定しても似た結果になる
②低い**正確性（accuracy）**：推定結果が本当の場所から離れている

---

1) 位置の推定にはGPS衛星からの電波が使われているため、大気の状態や電波の受信のしやすさによって誤差の大きさが変化します。

　推定結果に高い再現性と低い正確性の特徴が見られる場合、誤差には規則性（右上に外れやすい等）が現れるため、この誤差は**系統誤差（systematic error）**、または単に**バイアス（bias）**と呼ばれます。

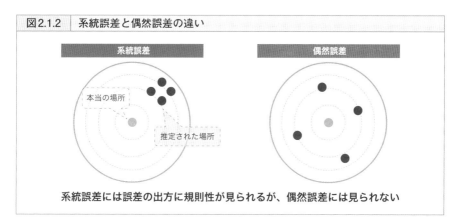

図2.1.2　系統誤差と偶然誤差の違い

系統誤差

本当の場所

推定された場所

偶然誤差

系統誤差には誤差の出方に規則性が見られるが、偶然誤差には見られない

　系統誤差が大きい場合、分析者は自身の分析のやり方が原因で、この誤差の規則性が生まれているのではないかと疑うのが普通です。また系統誤差は、他分野のバイアス（認知バイアスなど）との区別を目的に**統計的バイアス**とも呼ばれます。

　一方、図2.1.2の右側には規則性が見られません。規則性がないということは、もはやこの誤差は何か偶発的に生じたものと考えられるため、このような誤差は**偶然誤差（random error）**と呼ばれます。

　例えば位置の推定では、大気の状態（曇りや雨など）により、推定に用いられるGPS電波が受信しにくいといった理由で偶然誤差が大きくなるなど、もはや分析者には手に負えない誤差だとも言えるのです（偶然誤差への対処については、後で改めて取り上げます）。

系統誤差と偶然誤差の切り分け

　現実のデータの中には2つの誤差が混在しているのが普通です。そして、仮にこれを分離したいと思っても、たった一度だけ地図アプリを使って本当の場所と

推定場所との誤差を記録しても、誤差の主たる構成がどちらの誤差かを知る術はありません。

　ですが、データを繰り返し取得することで、2つの誤差を統計的に切り分けることは可能です。例えば、系統誤差として例示した図2.1.2の左側の状態も、厳密には「大きな系統誤差と小さな偶然誤差が混ざった状態」です。もし、この偶然誤差が大きくなると推定位置がランダムに広がることになるので、図2.1.3のように変化することが予想できるのです。

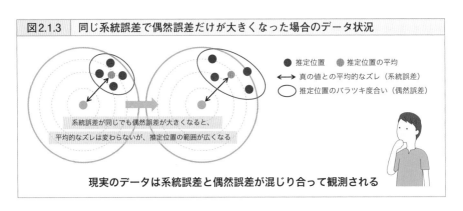

図2.1.3　同じ系統誤差で偶然誤差だけが大きくなった場合のデータ状況

現実のデータは系統誤差と偶然誤差が混じり合って観測される

　このように複数の観測データがあれば、推定結果の平均位置から系統誤差を、推定結果のバラツキ度合いから偶然誤差を統計的に切り分けることができます。分析者は自身がコントロールし切れない偶然誤差と合わせても推定結果が実用に

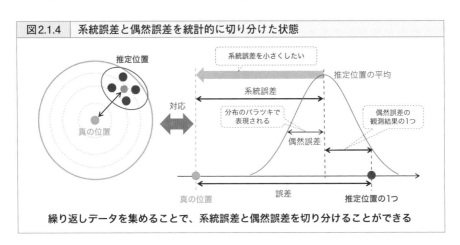

図2.1.4　系統誤差と偶然誤差を統計的に切り分けた状態

繰り返しデータを集めることで、系統誤差と偶然誤差を切り分けることができる

耐える範囲に収まるように、自身のコントロールの及ぶ系統誤差を小さくしようと試行錯誤を試みます（図2.1.4）。

　以上、ここまでが統計的な誤差に対する分析者の基本認識で、この系統誤差を小さくするための1つの手段として認知バイアスの知識を役立てようというのが、第2章のテーマです。

系統誤差の種類

　誤差（エラー）に種類があるように、系統誤差（バイアス）にも種類があります。具体的には、**交絡**、**選択バイアス**、**情報バイアス**の3つです。これらバイアスの違い、発生原因、そして対処法について順に解説していきましょう。

🔍 系統誤差（バイアス）の種類

①交絡（confounding）

　原因が結果に与える影響力を推定する過程で生じる誤差

②選択バイアス（selection bias）

　分析データを選択する過程で生じる誤差

③情報バイアス（information bias）

　分析データを測定する過程で生じる誤差

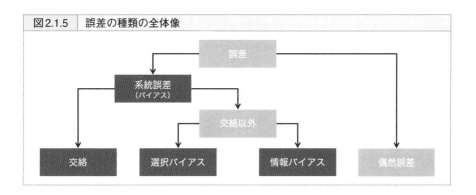

図2.1.5　誤差の種類の全体像

交絡

例えば体調が芳しくない時、薬を飲むのか早めに寝るのかといった判断を下せるのは、それぞれの行動を取った後の影響を推論できているからです。日常的な判断なら直感に任せていても構いませんが、仕事上の判断になると「原因が結果に与える影響を正しく推定すること」が要求されます。この時、正しい推定を邪魔するものが**交絡（confounding）**です。

より実践的な状況を使って、この交絡の解説を続けます。

影響力を測る対象を「路上生活者向けの支援プログラム」とし、新旧の支援プログラムは以下のような運用方針で実施されているとしましょう。

> 新プログラムは従来プログラムの内容を強化したもので、新プログラムは「支援をより必要とする人」に提供され、支援の必要性が相対的に低い人には従来からの旧プログラムを提供する。

この条件下で、新プログラムが旧プログラムよりも効果的であること、つまり「新旧プログラムの効果差」を推定したい場面を考えます。

より支援を必要としている人に新プログラムを提供したい気持ちは理解できますが[2]、この運用状況では分析的に厄介な問題を抱えます。もし仮に新旧プログラムの参加者条件が同じだったなら、両者の「（プログラム効果に無関係な）自然の社会復帰率」は同じ程度と考えられるので、今推定したい「新旧プログラムの効果差」は、両プログラム参加者の社会復帰率の単純な差から推定することができます（図2.1.6）。

ところが今のプログラム運用では、プログラム参加者の間に「支援の必要性」の違いがあるため、旧プログラム参加者の社会復帰率の方が高いことが予想されます。つまり、新旧プログラム参加者の「自然の社会復帰率」が異なり、私たちが観察できる両プログラム参加者の社会復帰率の差ではプログラム効果差を測れ

---

2) 私たちには新しいもの＝良いものだと早合点する傾向があります。この傾向を利用した論証に**「新しさに訴える論証（appeal to novelty）」**があり、新商品の広告訴求時によく使われます。

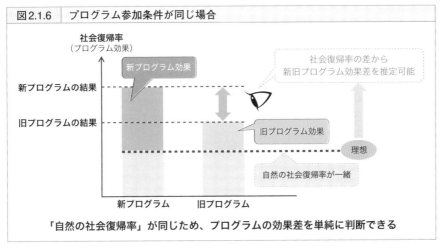

図2.1.6 プログラム参加条件が同じ場合

社会復帰率
（プログラム効果）

新プログラム効果

新プログラムの結果

旧プログラムの結果

旧プログラム効果

社会復帰率の差から
新旧プログラム効果差を推定可能

理想

自然の社会復帰率が一緒

新プログラム　旧プログラム

「自然の社会復帰率」が同じため、プログラムの効果差を単純に判断できる

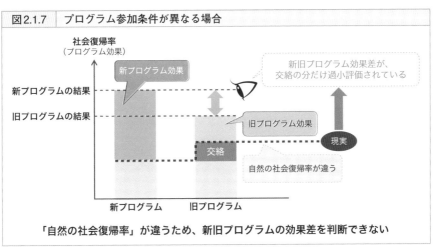

図2.1.7 プログラム参加条件が異なる場合

社会復帰率
（プログラム効果）

新プログラム効果

新プログラムの結果

旧プログラムの結果

旧プログラム効果

新旧プログラム効果差が、
交絡の分だけ過小評価されている

交絡

現実

自然の社会復帰率が違う

新プログラム　旧プログラム

「自然の社会復帰率」が違うため、新旧プログラムの効果差を判断できない

なくなっているのです。

　この2つのプログラムの結果の差を「2つのプログラムの効果差」だと解釈できなくしている部分こそが、交絡に相当します（図2.1.7）。

選択バイアス

選択バイアス（selection bias）は、分析データを選択する過程で生じる誤差

です。例えば、営業部門の中堅世代の退職が問題になっているのに、新人や技術者も含まれるデータで退職理由を分析すれば、本当に知りたいこと（営業部門の中堅世代で辞める人と辞めない人の違い）とは別の結論に到達する可能性があります。

分析には目的があり、その達成のために相応しい分析対象（**目標母集団：target population**）があります。選択バイアスは、この目標母集団から分析データが偏って選択されるために生じるバイアスなのです[3]。

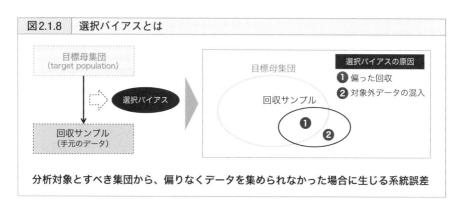

図2.1.8　選択バイアスとは

分析対象とすべき集団から、偏りなくデータを集められなかった場合に生じる系統誤差

選択バイアスは交絡に比べると軽視されている印象がありますが、このバイアスを意識しないと分析が大失敗に終わることがあります。

具体的な事例を通して、このバイアスへの注意点を見ていきましょう。

（1）分析結果の解釈が変わる

東京大学経済学部の山口慎太郎教授らによる「小中学生を対象とした生まれ月の影響に関する研究結果」（2020年）を紹介します。

図2.1.9をご覧ください。横軸に年齢（月齢）、縦軸に自己効力感の強さが表されています。**自己効力感**とは、アメリカ精神医学会の定義によると「自分が期待する結果を手に入れるための、自身の能力に対する自己認識」のことで、これが高いほど自分で自分を動機付けて、然るべき行動変容を促すことができると考えられています。

3）　経済学の分野で使われるセレクション・バイアスとは別の意味です。セレクション・バイアスは交絡の意味で使われています。

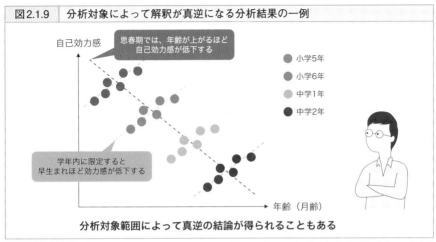

図2.1.9　分析対象によって解釈が真逆になる分析結果の一例

分析対象範囲によって真逆の結論が得られることもある

出所：論文「Month-of-Birth Effects on Skills and Skill Formation」（Shintaro Yamaguchi, Hirotake Ito, Makiko Nakamuro）を参考に著者がアレンジ

　学年が上がるほど自己効力感が低下するのは、思春期では珍しくない傾向だそうです。仮にこの傾向だけで考えるなら「年齢が上がるほど自己効力感は低下するのだから、早生まれの子の自己効力感はクラス内では高い」と推論できます。

　しかし、これは誤りです。図2.1.9にあるとおり、学年を限定すれば「早生まれの子の方が自己効力感が低い」となっているのです[4]。

　クラス担任がクラス内の問題に向き合うことを目的に分析をしているのか、校長先生が全学年に注意を払うために分析しているのかで、得るべき分析知見、対象にすべきデータ対象は異なるということです。

(2) 精度検証の結果が変わる

　選択バイアスの影響は、分析結果の解釈の問題に留まりません。主要な分析業務の1つに「物事を数理的に判断できるようにする」というものがあって、この数理的な判断の実用性を示すための精度検証の際にも、この選択バイアスが影響します。

　精度検証の一例として、何かの病気に罹っているのか否かを判断する場合を考えてみます。

---

4)　目標母集団の違いを無視して分析結果を一般化することは**軽率な概括（hasty generalization）**と呼ばれ、推論の質を低下させるものとして戒められています。

図2.1.10をご覧ください。これは**混同行列**と呼ばれ、病気か否かといった二者択一で表現できる判断の精度検証に広く使われているものです。この左側にある「本当の状態」は精度検証のために準備されたもので、これを真の結果として、分析者が作った判断ロジックによる推定結果の精度が検証されます。

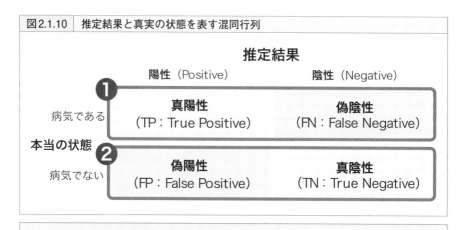

図2.1.10　推定結果と真実の状態を表す混同行列

①真陽性率：本当の状態が「病気である」人の内、正しく「陽性」と推定されている割合
②真陰性率：本当の状態が「病気でない」人の内、正しく「陰性」と推定されている割合

　この「本当の状態」を表すデータを準備する際に陥りがちなのが、「判断しやすいデータに偏ってデータを集めてしまう」というものです。筆者も過去に工場のセンサーデータを使った異常判定モデルを評価しようとした際、これをやってしまいました。お客さん側も本当の状態を間違えてデータ化してはいけないと感じていたようで、結果的に「判断が容易なデータ」を集めてしまっていました。その結果起きたのが、図2.1.11が示すような誤差です。

　ここで、真陰性率の値に注目して下さい。左側の「判断に悩むサンプル」がしっかりと検証用データに含まれている場合（72.2%）に比べ、「判断に悩むサンプル」が抜け落ちた右側で80.0%と過大に評価されています。
　分析者が作る「数理的な判断ロジック」も、人が悩むような複雑なサンプルほ

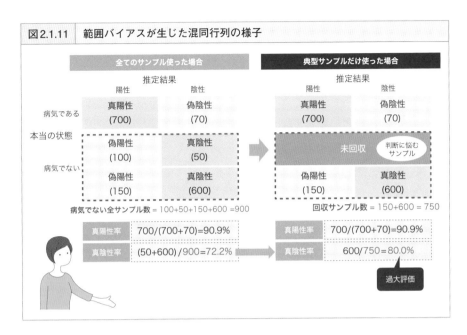

図2.1.11 範囲バイアスが生じた混同行列の様子

ど間違いやすいということはよくあります。そのため、判断が容易ではないサンプルが検証用データから抜け落ちてしまうと、今回示したような精度の過大評価が起きやすいのです。

このように精度検証に用いられるデータが、本来あるべきデータから偏って選ばれることで生じる選択バイアスのことを、**範囲バイアス（spectrum bias）**と言います。

情報バイアス

情報バイアス（information bias）は、系統誤差の中でも特に分析データを測定する際に生じる誤差のことです。

分析は、データが測定され分析対象が適切に設定された上で、交絡が適切に処理されて初めて妥当な結果を得ることができるものです。情報バイアスは、この流れの最も早いデータ化の段階で生じる誤差で、データ化に使っている測定装置（機器）によって生じることもあれば、人の心を介することで生じることもあります。

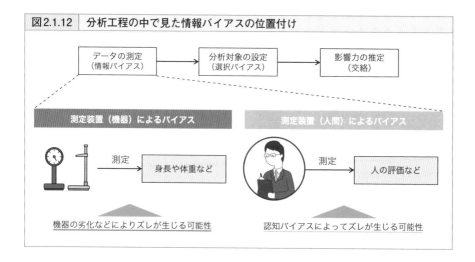

図2.1.12　分析工程の中で見た情報バイアスの位置付け

データの測定
（情報バイアス）
→
分析対象の設定
（選択バイアス）
→
影響力の推定
（交絡）

測定装置（機器）によるバイアス

測定 → 身長や体重など

機器の劣化などによりズレが生じる可能性

測定装置（人間）によるバイアス

測定 → 人の評価など

認知バイアスによってズレが生じる可能性

　情報バイアスの現れ方は多様なため、次の2.2では情報バイアスを生む原因とともに、個別のバイアスについても紹介したいと思います。

2.1のまとめ

- ・誤差（エラー）には、系統誤差（バイアス）と偶然誤差の2種類がある。
- ・系統誤差には、交絡・選択バイアス・情報バイアスの3種類のバイアスがある。
- ・交絡は「原因が結果に与える影響を正しく推定すること」の邪魔をする。
- ・選択バイアスは「分析結果の解釈」や「精度検証の結果」に影響を与える。
- ・情報バイアスは心が「データの測定装置」になることでも生じる。

2.2 バイアスの発生原因

交絡因子

　ここからは、バイアス（系統誤差）の発生原因についてです。交絡も認知バイアスの世界の影響を受けるので、この全体像を見失わないように解説の範囲を図2.2.1に示しました。

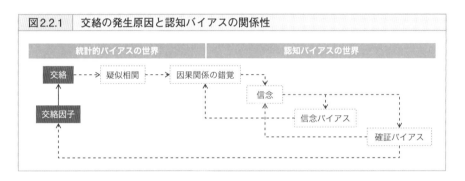

図2.2.1　交絡の発生原因と認知バイアスの関係性

　まずは、統計的な理解に関わる「交絡因子」について解説します。

　統計学では、「交絡が発生する直接的な原因は、**交絡因子（confounding factor）** と呼ばれる『原因と結果の両方に影響する第三の因子』が存在するため」と説明されます。交絡の解説で紹介した支援プログラムの例では、「社会的支援の必要度」がこの交絡因子に相当します。なぜなら、社会的支援の必要度は、①新旧どちらのプログラムを受けられるのかに影響するのと同時に、②プログラムの結果指標であった「社会復帰率」にも影響しているからです。

　このような因子が存在したままプログラム成果の結果指標を比較すると、交絡が存在するため、観察可能な結果から2つのプログラムの効果差の推定ができませんでした。

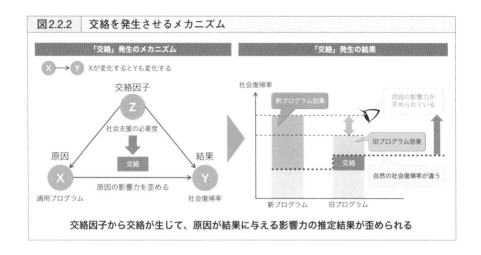

図2.2.2　交絡を発生させるメカニズム

交絡因子から交絡が生じて、原因が結果に与える影響力の推定結果が歪められる

疑似相関と因果関係の錯覚

　ここでは、これまでとは違った交絡因子例を紹介した上で、交絡の発生から因果関係の錯覚と呼ばれる認知バイアスが生じるまでの流れを解説します。

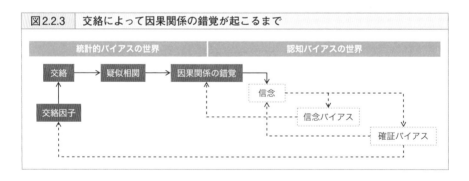

図2.2.3　交絡によって因果関係の錯覚が起こるまで

　図2.2.4をご覧ください。

　左側は「年齢」が交絡因子になっている例です。年齢が上がれば体重も年収も上がりやすいため、体重が重いと年収が高いといった関連があるように見えます。

　右側は「性別」が交絡因子になっています。男性は薬指が人差し指よりも長い（女性は同程度）傾向があるため、指の長さと進路選択に関連があるように見えてしまうのです。

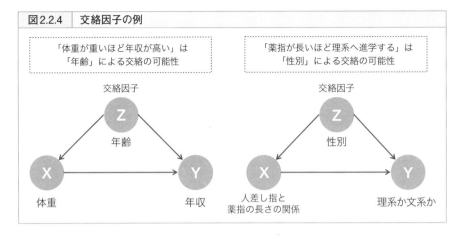

図2.2.4　交絡因子の例

ところで、これらXとYの関係性は「交絡因子を固定」しても見られるものでしょうか？

例えば、年齢を30歳に限定しても体重と年収に関連は見られるのか？　性別を女性だけにしても指の長さと進学の間に関連が見られるのか？という疑問です。

おそらく、これらの関連性は残らずに消えてしまうでしょう。

このように、一見関連があるように見える「XとYの関係性」の中にも、「交絡因子の影響を除くと消えてしまうもの」があるのです。このような関係を**疑似相関（spurious correlation）**と呼びます。

疑似相関の厄介な点は、私たちがこれを因果関係と錯覚しやすい点にあります。私たちは「XとYの関係性は交絡による疑似相関ではないか？」と疑問を持つよりも、「関係しているということは因果関係だ」という結論に飛び付きやすいからです。

この認知的傾向は**因果関係の錯覚（illusions of causality）**と呼ばれ、これは擬似科学[5]の問題、例えばワクチン不信や陰謀論など、様々な社会的問題の温床になっている認知バイアスです。

例えば、科学者がインフルエンザワクチンの効果を説明しても、インフルエン

---

5)　科学的根拠がないにも関わらず、それがあるように装った言説全般のこと（ホメオパシー、血液のクレンジングなど）。

ザになった際の入院日数が長いのは、ワクチンによって身体が弱まったためだなどと主張します。これは単に健康不安のある人ほどワクチンを接種するため、「自然の入院日数の違い（交絡）」があるからだと説明されても信じようとしません。

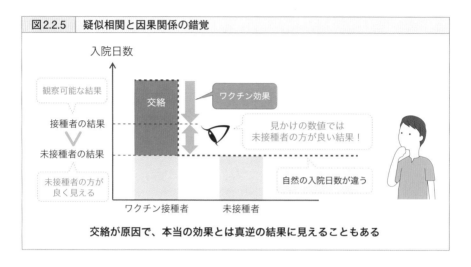

図2.2.5　疑似相関と因果関係の錯覚

交絡が原因で、本当の効果とは真逆の結果に見えることもある

確証バイアス

　ここでは、因果関係の錯覚の結果、確証バイアスと呼ばれるバイアスが作用しやすくなり、それが交絡因子の発見を邪魔する流れについて解説します。

　因果関係の錯覚が、統計的バイアスと認知バイアスを結び付ける厄介な役割を果たします。

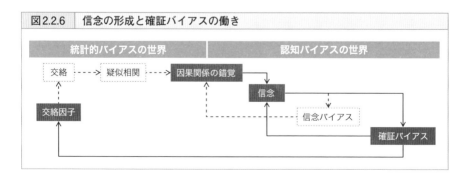

図2.2.6　信念の形成と確証バイアスの働き

　私たちの誰もが**信念**（特に証拠がなくても受け入れている知識や考え方）を持ち、分析者ならお気に入りの仮説を持っています。**確証バイアス**とは「このような信念や仮説を持っていると、それを支持する情報を集めたり重視する一方、自分の考えと矛盾する情報は無視したり都合よく解釈（過小評価）してしまう」という認知的傾向のことです。

　先に記したように、科学者がワクチンの有効性を主張しても、それに反する信念を持てば、ワクチンの副作用に関する事例収集には労力をかけますが、科学論文に目を通そうとはしません。情報源の信憑性を指摘されても聞く耳を持たないのは、この確証バイアスのためです。

　確証バイアスは自分の信念を維持・強化するように働くので、わざわざ自分の信念を壊しかねない交絡因子を探そうとはしないのです。このように、確証バイアスは統計的バイアスを放置させ、誤った信念であってもそれを保全するように働きます。

 ## 信念バイアス

　一旦、信念が形成されると、その信念を改め難くする認知バイアスがあります。
　信念が更新されないと、確証バイアスもそのまま作用し続けることになるので、統計的バイアスの軽減という面でも好ましいことではありません。

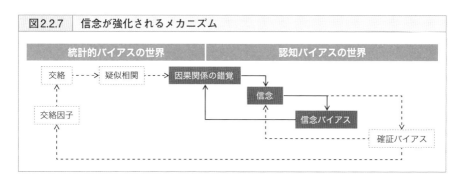

図2.2.7　信念が強化されるメカニズム

信念バイアス（belief bias）とは「間違った推論の結果だったとしても、その結果が自分の信念に整合していると、それを正しく感じてしまう」という認知的傾向のことです。

このバイアスの体感実験をしてみましょう。

図2.2.8をご覧ください。左側の推論を見て感じる違和感と、右側を見て感じる違和感を比較して欲しいのです。おそらく、右側の方を妥当ではないと感じることでしょう。でも実際は、どちらの推論も流れは一緒で「どちらも間違い」です。

結局、私たちは推論の流れを論理的に評価しているのではなく、結論が信念と矛盾していなければ、推論過程自体が正しくても間違っていてもあまり気にしないのです。

このようにして、一旦形成された信念（フランス人はグルメである）は疑われる機会が減っていきます。

図2.2.8	信念バイアスの作用

推論の展開例1	推論の展開例2
・前提1：全てのフランス人は**ワイン好き**である。 ・前提2：一部の**ワイン好き**は**グルメ**である。 ・結論 ：一部の**フランス人**は**グルメ**である。	・前提1：全てのフランス人は**ワイン好き**である。 ・前提2：一部の**ワイン好き**は**イタリア人**である。 ・結論 ：一部の**フランス人**は**イタリア人**である。
「妥当な推論」と感じやすい	「妥当ではない推論」と感じやすい

左右どちらも「論理的には間違っている」が「正しさの感覚」に差が生じる

出所：書籍「認知過程研究―知識の獲得とその利用 新訂（放送大学大学院教材）」（放送大学教育振興会）を参考に著者がアレンジ

選択バイアスの発生原因

選択バイアスは、目標母集団（本来分析対象とすべきデータ範囲）と手元データとの乖離から生じる誤差でした。このバイアスは3つの段階で発生すると言われています（図2.2.9）。

例えば、最近の若い人の意識調査を「自社の若手全員」で実施するとします。この段階で生じるものが、**カバレッジ誤差**です。自社という枠内（フレーム母集団）を対象とする時点で、一般的な若者を代表していない可能性があります。ただ全員を調査予定なので、**サンプリングバイアス**は発生していません。

あるいは、回答者があなたと面識ある若手だけだったとします。ここで生じる誤差が、**無回答バイアス**です。この場合、回答者があなたの知人なので、回答が

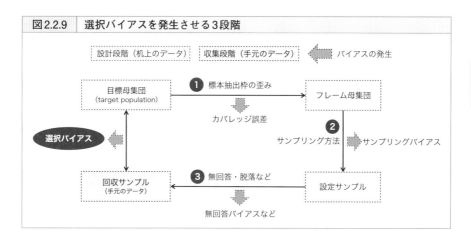

図2.2.9　選択バイアスを発生させる3段階

あなたにとって好ましい方向に偏っているかもしれません。

　このように、無回答バイアスがどう偏るのかは状況次第です。

　では、サンプリングバイアスはどんなものかと言うと、前節で紹介した**範囲バイアス**がこれに該当します。なぜなら、このバイアスは分析者が作った判断ロジックを検証する際、「本当の状態（病気の有無等）」が判断しやすいものほど、精度検証用データにサンプリングされやすいことで生じるバイアスだからです。

　図2.2.10をご覧ください。これは範囲バイアスのメカニズムを、1章で学んだカテゴリー化（認識の働き）の視点から図解したものです。病気や健康など、今「判

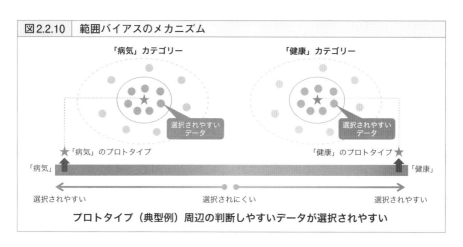

図2.2.10　範囲バイアスのメカニズム

断したい状態」のプロトタイプ（典型例）に近いデータほど判断が容易なため、サンプリングされやすいことが表現されています。

カテゴリー化の働きは無意識的ですから、私たちはここで学んだ知識を使って、意識的にこのサンプリングバイアスに対処しなくてはなりません。

 ## 情報バイアスの発生原因

情報バイアスについては、発生原因とバイアスの具体例を「認知の働き」に沿って解説します。

(1) 記憶の罠

例えば、店舗従業員の退職が問題で、問題のある店舗（問題店）と通常の店舗との比較分析をしたいケースを考えます。この場合、問題店の店長は従業員問題で悩んできた経験から、通常店の店長と比べ、過去の出来事を正確に思い出せる可能性があります。結果として、問題店と通常店の店長から得られるデータの偏りのことを、**思い出しバイアス**と言います。

従業員シフトに偏りがあったとか、一部従業員にノウハウが集中してしまっていたとか、ベテランスタッフと新人の間に壁があったなどの事情がどちらの店舗にあったとしても、情報として上がってくるのが問題店ばかりに偏ってしまっては、正しい分析はできません。

(2) 認識の罠

情報バイアスを発生させる他の原因に、**誤分類バイアス**というものがあります。このバイアスは範囲バイアスと同様、分析者が作った判断ロジックの精度を検証する際に問題となります。この原因は、精度検証用のデータの選び方（サンプリング）の偏りではなく、真の値として使いたい「本当の状態」の誤分類（パターン認識の失敗）となります。

図2.2.11を使って具体的に解説しましょう。

左側が誤分類のない状態です。仮に、この中の「本当に病気で推定結果も陽性」の2件のデータが、誤分類によって「本当の状態」が「病気ではない」と誤ラベリングされてしまったら、混同行列はどう変化してしまうのでしょうか？

その結果が、図右側❶の矢印で表現されています。推定結果は陽性のまま「本当の状態」だけが下側に移動します。このような誤分類（本当の状態の誤ラベリング）の結果、真陽性率を確認してみると、16pt も過大評価されていることに気が付きます。

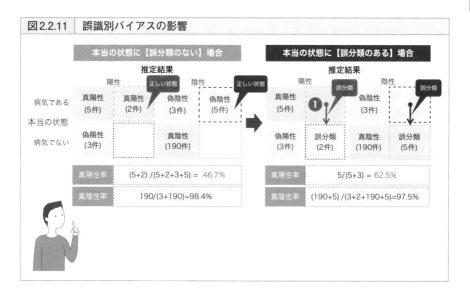

図2.2.11　誤識別バイアスの影響

この水準で誤分類があると、分析業務は無駄になるでしょう。完璧な分類は不可能ですが、それを理由に人の判断をそのまま使って良いことにはなりません。分析の信頼性を高めるには、（派手な技術への投資だけでなく）こういったデータ品質にも目を向ける必要があります。

（3）判断の罠

調査のやり方（質問の聞き方）で回答傾向を大きく変化させてしまう例として、**質問形式効果**を紹介します。以下のような2つの質問の違いで、回答傾向が逆転することが知られています。

以下の質問に、YESかNOで回答してください。
・質問①：我が国の犯罪や違法行為は、「社会状況」よりも「個人」に責任がある

・質問②：我が国の犯罪や違法行為は、「個人」よりも「社会状況」に責任がある

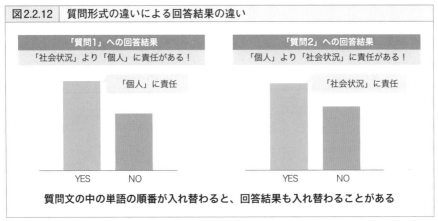

図2.2.12　質問形式の違いによる回答結果の違い

「質問1」への回答結果	「質問2」への回答結果
「社会状況」より「個人」に責任がある！	「個人」より「社会状況」に責任がある！

「個人」に責任

「社会状況」に責任

YES　　　　NO

YES　　　　NO

質問文の中の単語の順番が入れ替わると、回答結果も入れ替わることがある

出所：書籍「ビット・バイ・ビット -- デジタル社会調査入門」（有斐閣）を参考に著者がアレンジ

　この質問形式効果は、**フレーミング効果（framing effect**：情報の提示方法によって人の判断が歪められてしまうこと）と呼ばれる認知バイアスの一例です。

　無意識的に働く認知バイアスの影響は、問題として認識されにくく過小評価されがちです。より良い分析の実現のためには、調査を通して得られるデータ品質の向上にも目を向ける必要があります。

2.2のまとめ

・交絡因子は交絡を、交絡は疑似相関を、疑似相関は因果関係の錯覚を生み出す。

・一旦形成された信念は、信念バイアスと確証バイアスで維持・強化される。

・確証バイアスによって、信念を破壊するような交絡因子は探索されにくくなる。

・選択バイアスは、カバレッジ誤差・サンプリングバイアス・無回答バイアスに大別される。

・情報バイアスは、記憶・認識・判断といった認知の働きに影響され生じる。

2.3 統計的バイアスへの対処

偶然誤差への対処

　偶然誤差は「分析者の手に負えない」と先に記しましたが、実は全く手に負えないわけではありません。例えば、身長を測る際に「身長計のどの位置にどんな風に立つべきか」という標準的な手続きを徹底させれば、データに含まれる偶然誤差を小さくすることができるでしょう。

　この手続きの標準化以外にも対処できることが、**サンプルサイズ（データの多さ）**の調整です。例えば、社員の満足度を調査する場合、周囲の数人に聞くよりも数十人に聞いた方が、本当に把握したい数値に近付くであろうことは容易に想像できるでしょう[6]。

　ここでは、偶然誤差は「サンプルサイズを増やすことで対処できる」という点を理解してもらえれば大丈夫です。

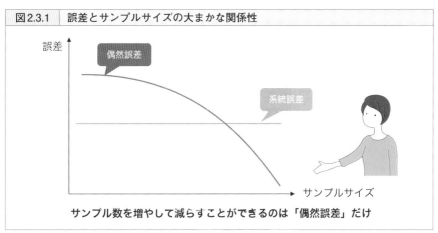

図2.3.1　誤差とサンプルサイズの大まかな関係性

誤差

偶然誤差

系統誤差

サンプルサイズ

サンプル数を増やして減らすことができるのは「偶然誤差」だけ

出所：書籍「ロスマンの疫学 第2版」（篠原出版新社）を参考に著者がアレンジ

---

6)　統計学は、どのくらいの精度の分析結果が欲しいかを明らかにできれば、それに必要なデータ数を教えてくれます。必要データ数を分析前に適切に見積もることを、**サンプルサイズの設計**と言います。

系統誤差への対処

　系統誤差（統計的バイアス）への対処は、その種類（交絡・選択バイアス・情報バイアス）によって異なりますが、1つの共通点があります。それは「系統誤差は（偶然誤差とは違って）サンプルサイズを増やしても小さくできない」という点です。

　そもそも系統誤差は、分析工程に潜む構造的な問題から生じる誤差なので、その原因を除去することなく、ただデータを増やしても意味がありません。例えば、衝撃を受け歪んでしまった身長計をそれとは知らずに使って、何十回、何百回とあなたの身長を測定した所で、正確な身長が測定されることはないのです。

　系統誤差を小さくするには、これまで学んできた系統誤差の種類と原因に応じて対処することが求められます。

 ## 交絡への対処

　交絡は「原因が結果に与える影響力の推定を歪める系統誤差の一種」で、その発生原因は「原因と結果の両方に影響を与える第三の因子『交絡因子』の存在」でした。ここでは、この交絡因子を洗い出せている場合と、洗い出すのが難しい場合とに分けて解説します。

(1) 交絡因子を洗い出して対応する場合

　交絡への対処の第一歩は「交絡因子をできるだけ幅広く洗い出しておくこと」です。手元のデータに頼らず専門知識に基づき洗い出すことが基本です[7]。確証バイアスの影響でいつも同じ因子になることがないように、たまには交絡因子を広げるためだけの分析に時間を使うのも良いでしょう。

　交絡因子が列挙できたら、**層別分析**を行います。

　これは「体重と年収の疑似相関」（P63参照）で紹介した交絡因子の固定、つまり「年齢（年代）」を固定するような分析を指します。

　この時に役立つのが、**分割表（contingency table）** です。

7）　データから交絡因子候補を抽出する方法もありますが、それが必ずしも優れているということではありません。

図2.3.2　分割表の形式と Δp の定義式

	結果あり	結果なし
原因あり	a	b
原因なし	c	d

原因と結果に関連性があるとは
$\Delta p = a/(a+b) - c/(c+d)$ がプラスの状態のこと

　分割表は、今注目している「原因の有無」と「結果の有無」の行列形式になっています。これから、注目原因がある場合とない場合とで、どの程度の割合が「結果あり」になるのかを求め、その差分を計算します。この割合の差分のことを**Δp統計量**と呼び、これがプラスなら原因は結果に影響を与えると解釈されます。

　では、図2.3.3の数値例を使って具体的に解説しましょう。

図2.3.3　交絡因子で層別化するイメージ

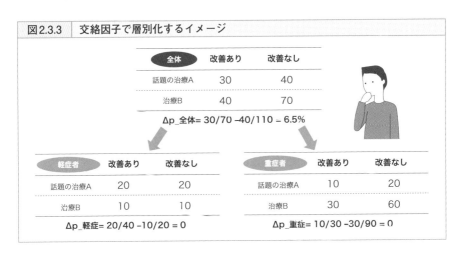

全体	改善あり	改善なし
話題の治療A	30	40
治療B	40	70

Δp_全体= 30/70 −40/110 − 6.5%

軽症者	改善あり	改善なし
話題の治療A	20	20
治療B	10	10

Δp_軽症= 20/40 −10/20 = 0

重症者	改善あり	改善なし
話題の治療A	10	20
治療B	30	60

Δp_重症= 10/30 −30/90 = 0

　今、治療Aが効果的だと話題になっているとして、その根拠とされた分割表が図の上段だとします。確かに治療Aを受けた70人の方が、改善割合が高くなっていますね。

対して、「治療Aと治療Bを受けた集団構成が違う」ことがわかり、症状の重症度合いで表を層別して再度Δpを計算したものが図の下段となります。分割前はプラスだったΔpが、下段ではゼロになっていますよね。これは「治療Aを受けても治療Bを受けても結果は変わらない」ことを表しています。つまり、重症度の違いから生じ分割前のΔpに含まれていた交絡が、層別によって消えたのです。

このように層別分析は、交絡因子を固定して交絡を調整する最もシンプルで強力な方法です[8]。

(2) 交絡因子の洗い出しが難しい場合

交絡の解説で取り上げた社会支援プログラムの例（P54）では、「社会的支援の必要度」の高低によって参加できるプログラムが変わりました。この交絡は、プログラムの参加条件がランダムではないから生じていると考えることができます。

対して、参加条件をランダムにして、そもそもの交絡を発生させないという分析方法があり、これを**ランダム化比較試験（RCT：Randomized Controlled Trial）**と言います。

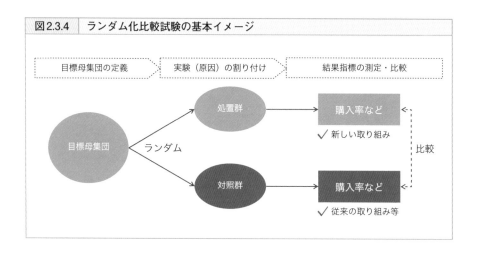

図2.3.4　ランダム化比較試験の基本イメージ

---

8) 同時に交絡因子が3つ以上になってくると、層別分析も限界です。複数の交絡因子を調整（固定）するには、多変量を同時に扱える統計的なモデルの学習が必要になります。

ランダム化比較試験では、分析者が気付いていない**未知の交絡因子**についても集団間（処置群と対照群）で同等になることが期待できるので、優れた分析方法として認識されています[9]。

選択バイアスへの対処

選択バイアスへの対処の大前提は、目標母集団を明らかにすることです。その上で、目標母集団が手元データに収まらない場合に対してできることを考えていきます。

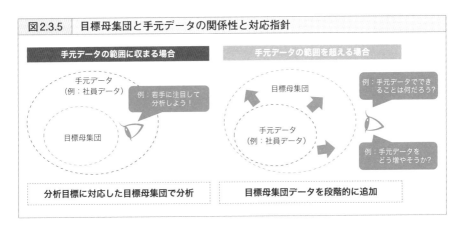

図2.3.5　目標母集団と手元データの関係性と対応指針

例えば、過去の新入社員情報を活用して、将来の応募者の活躍ポテンシャルを予測する場合を考えてみましょう。分析に使えるデータは「過去の新入社員の入社時点の情報」と「入社後の人事評価情報」だとします。なお、今本当に関心のある分析対象は「会社に応募してくれる学生」ですが、残念ながら手元には「会社に実際に入社した学生」のデータしかありません（図2.3.6）。

ここでの問題は「目標母集団より小さい集団で作られた分析結果（予測）を、エントリーレベルの学生に適用していいのか」であり、これに対する素直な回答は「わからない」です。選択バイアスの存在を無視して「（手元のデータでは）高

---

9) 分析実務では、ランダム化比較試験を実施する際にも、交絡因子を列挙して集団間に分布の差が生じていないかを確認しています。ランダム化比較試験の場合も、可能な範囲で交絡因子の特定に努めましょう。

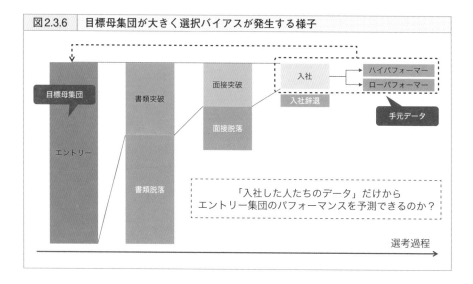

図2.3.6 目標母集団が大きく選択バイアスが発生する様子

い精度で予測できた」とか「最新の技術を使っています」というのは、全く証拠にならないからです[10]。

　証拠を得るには、選択バイアスによって間違えるリスクはありますが「活躍ポテンシャルが高いと予想された人が入社に至ったら、その後のパフォーマンスを見て検証する」しかありません。手元データを、愚直に目標母集団へ近づけるということです[11]。

情報バイアスへの対処

　ここでは、情報バイアスに対処するための「3つの信頼性」について解説します。
　具体的には、誤分類バイアスで問題となった「本当の状態」を評価・判定する評価者に関する信頼性と、調査項目に関する信頼性を確保するための解説です。

---

10) 目標母集団以外のデータで得た結論を他の集団に当てはめることを「軽率な概括」、新しいものは良いとの主張は「新しさに訴える論証」と呼びます。いずれも、証拠が弱い時に他者を説得するために使われます。

11) 機械学習については第3章で取り上げますが、業界・職種横断の人材・人事情報を持った企業があれば、入社後ポテンシャルを予測する人工知能（学習済みモデル）の提供も可能となるでしょう。

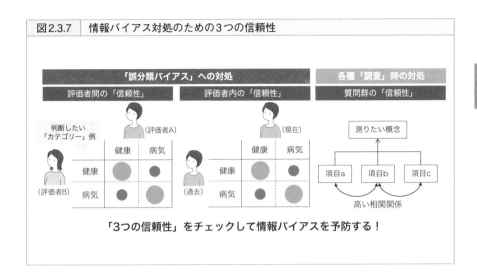

図2.3.7 情報バイアス対処のための3つの信頼性

第2章 統計的バイアスの基礎

(1) 評価者間信頼性 (interrater reliability)

　認識力の限界で生じる**誤分類バイアス**をゼロにすることはできませんが、評価者の信頼性を判別することはできます。複数の評価者に同じデータを評価させ、その一致率を求めるのです。一方の評価者が非常に優れているなら、同様に優れた評価者を判別できます。また優れた評価者との一致率が低い評価者の判断能力を向上させられれば、情報バイアスも軽減されるでしょう。

(2) 評価者内信頼性 (intrarater reliability)

　同じ評価者を対象に、過去に評価させたデータと同一のデータを再評価させることで、過去の判断との一貫性を評価できます。また判断が過去と一致しなかったデータサンプルを評価者に振り返らせることで、評価者の判断力を向上させられる可能性があります。

　なお、評価者間信頼性や評価者内信頼性は、**カッパ係数**と呼ばれる統計量を使うことで定量的に求めることができます[12]。

---

12) カッパ係数 (kappa coefficient) は2人の評価者の判断の一致率を表します。ただ、2人の判断が偶然一致することもあるので、偶然に一致する確率を割り引いて算出されます。

(3) 調査（テスト）項目の信頼性

情報バイアスは評価者の信頼性だけでなく、調査やテストの項目の信頼性にも左右されます。例えば、「持久力」を測るために「踏み台昇降（心拍の回復を測る）」や「歩行テスト（歩けた距離を測る）」を行うことは理解できますが、ここに「反復横跳び」を追加すると言われたら疑問に感じるでしょう。なぜなら、持久力が高い人なら「踏み台昇降」も「歩行テスト」も優れたスコアを獲得するはずですが、「反復横跳び」との相関は低そうだからです。

このように何かの概念を測るには、その「何か」と高い相関関係にある項目を使うのが普通です。結果として、「項目間のスコア」も互いに強い相関関係になります（これが信頼性の高い状態です）。

なお、この信頼性は、**クロンバックのα係数**と呼ばれる統計量で計測することができます[13]。

このように、データを生み出す評価者や調査・テストの項目の信頼性を担保することで、情報バイアスの発生を軽減することが可能となります。

2.3のまとめ

- ・自分の信念の更新をいとわず、交絡因子をできるだけ幅広く列挙するように心がけること。
- ・交絡因子への対処は、層別分析やランダム化比較試験を基本とする。
- ・選択バイアスへの対処は、目標母集団の明確化を大前提とする。
- ・手元のデータが目標母集団の一部に限られる場合は、段階的なデータの拡充に努める。
- ・データを生み出す人自身、または質問項目の信頼性を測ることで情報バイアスに対処する。

---

13) クロンバックのα係数は、項目間の相関係数が高いと1.0に近づく統計量です。ある概念を測定する項目が互いに関連していることを確認するために使われます。

2.4 分析者もバイアスの罠の中

再現性の危機

　ある人の分析結果を、その人が言う通りに実施しても再現できなかった。そんな再現の失敗が何回も続いたら、あなたは何を思うでしょうか？

　おそらく、元の分析の信頼性に疑問を持つことになるでしょう。なぜなら、再現性は分析の信頼性を語る上で大切な要素だからです。

　昨今ではこの再現性の問題が、世界のトップジャーナルに掲載されるような科学論文の中の分析でも起きています[14]。

　分析の再現性（信頼性）を低下させる疑わしい行為全般のことを、**疑わしい研究慣行（QRP：Questionable Research Practice）**と言います。悪意を持った研究不正は昔からありますが、どうも今問題になっているのは「悪意を持った意図的なもの」ではなく、無意識的にQRPをやってしまうという問題のようです。そして、このQRPの要因として注目されているのが認知バイアスなのです。

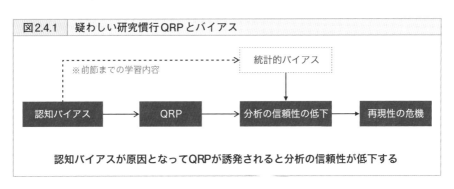

図2.4.1　疑わしい研究慣行QRPとバイアス

認知バイアスが原因となってQRPが誘発されると分析の信頼性が低下する

---

14) Nature誌の2016年の調査によると（回答者数1,576人）、研究者の70%以上が他の科学者の実験を再現しようとして失敗したことがあり、半数以上の研究者が自分の実験を再現できなかったことがあると回答しました。

事例で学ぶQRP

　訴訟にまで発展した過去の研究不正事例と図2.4.2を使って、QRPについて具体的に解説します。

> 事例　**抗うつ剤パキシルの治験報告書の問題**
>
> 　2004年、イギリス・ロンドンに本社を置く世界的な製薬企業であるグラクソ・スミスクライン（GSK）は、小児への抗うつ剤パキシルを巡り訴えられます。GSKの主張は「優れた有効性と安全性を実証した」でしたが、訴訟によって判明した内容はそれとは大きく乖離したものでした。
>
> 　当初、GSKはある8つの指標を使って薬の効果を証明する計画でしたが、それら全ての指標で偽薬との効果差を確認できませんでした。そこで指標を19個増やしたところ、その中の4つが統計的に有意な結果を得ます。最終的にGSKの科学者たちは、当初8指標の中の4指標を、事後的に良い結果として得た4指標と差し替え、報告書を作成したのです。

図2.4.2　GSKの研究不正に見られる認知バイアスとQRP

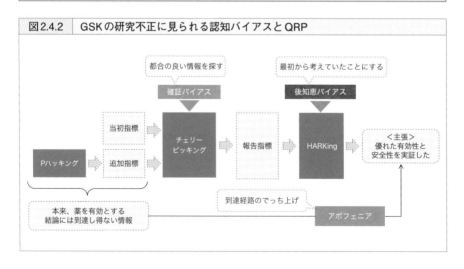

(1) Pハッキング

　この事例では、当初8指標の全てで偽薬に勝てませんでした。このままでは薬

が有効とする結論を導きようがありません。そこで統計的に有意な結果と言える指標を手元に置くため、指標を追加して改めて再分析しています。この「統計的に有意な結果を得る」ための小細工全般を、**Pハッキング**と言います。料理に例えるなら「（腐っていない）食材の準備」です。

(2) チェリーピッキング

最終的な主張に向けて都合の良い指標を選定することを、**チェリーピッキング**と言います。必ずしも、全ての指標が良い結果である必要はありません。全部が有効ですと主張する方が嘘っぽくなるなら少しの負けを含めるなど、真実らしい選定を心掛けます。

自分の考えに都合の良い情報を好んで探索する**確証バイアス**は、この働きを支えます。ここまでを料理に例えると、「好みの食材が切り分けられ、必要分量の調味料が準備されている」という状態です。

(3) HARKing

最終的な主張のための、ストーリーの構築段階です。「最初から予想していた分析結果です」と言い切ることが、主張に説得力を持たせます。分析結果を知ってから仮説（予想）を組み立てたことを伏せて言い切る行為を、**HARKing (Hypothesizing After the Results Are Known)** と言います。

このHARKingは、**後知恵バイアス**（結果を知った後で、その結果をあたかも事前に知っていたかのように私たちに感じさせる認知バイアス）に支えられています。このバイアスにかかると、例えば株価が上がったのを見た後に「やっぱり上がった！」などと本気で悔やんだりします。ただ、本当にそう確信していたなら株を買っていたはずで、当時は確信などしていなかったことを本人も誤解するのです。

ここまでを料理に例えると「お品書きを急遽書き換えたことを伏せ、チェリーピッキングした食材と調味料を使って、予定通りに料理を提供しているフリをしている」という状態です。

(4) アポフェニア

最後に紹介しなければならないのが、**アポフェニア（apophenia）**です。

これは「無意味な情報の中からパターンを見出す心の働き」で[15]、この事例においては「薬の有効性を示すことが不可能な分析結果（情報）の中から、薬の有効性を示す説得のシナリオ（パターン）を見出そうとする心の働き」と言い換えられます。

料理場に例えるなら、アポフェニアは料理長のような存在です。どの料理をどんな順番で出すと美味いと言ってもらえるのか（今の事例では、嘘の主張を通せるか）を考えています。

このアポフェニアの指示に従って確証バイアスと後知恵バイアスが働き、各種QRPが実行されています[16]。

信頼できる分析に向けて

最後に、これらQRPの防止と、その先にある信頼できる分析について考えてみましょう。

2017年、英国ブリストル大学の心理学者マーカス・ムナフォ教授が「再現性の危機への処方箋」として掲げたポイントは以下の4点で、「分析者を認知バイアスから護る」を最初に挙げているのが特徴です。

❶分析者の認知バイアスからの保護
❷分析方法論の訓練
❸独立した立場からの分析方法論のサポート体制の確立
❹チームサイエンスの奨励

ここで図2.4.3をご覧ください。

分析者を認知バイアスから護るには、因果関係の錯覚を妄信しないとか、確証バイアスによるチェリーピッキングに注意するといった意識を自身で高める必要があります。これが統計的バイアスを小さくする・QRPを予防するということに繋がります。

---

15) 木の模様の一部が人の顔のように見えたりするのは、このアポフェニアの働きによります。
16) アポフェニアの働きは、厳密には認知過程の前段階である知覚過程で起きています。そのため、アポフェニアの働きが認知の働きに影響を与えていると言えるのです。

第2章
統計的バイアスの基礎

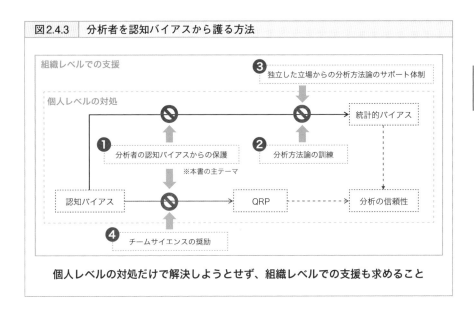

図2.4.3　分析者を認知バイアスから護る方法

組織レベルでの支援

❸ 独立した立場からの分析方法論のサポート体制

個人レベルの対処

❶ 分析者の認知バイアスからの保護
※本書の主テーマ

❷ 分析方法論の訓練

統計的バイアス

認知バイアス → QRP ⇢ 分析の信頼性

❹ チームサイエンスの奨励

個人レベルの対処だけで解決しようとせず、組織レベルでの支援も求めること

　ポイントの❷や❸は、個人での分析方法論の習得を目指しつつも、それには限界があるため、組織レベルの支援体制の重要性を指摘しています。

　最後の❹は、チームで取り組むことが分析の透明性を高め、信頼性の向上に繋がることを指摘しています。

　分析者の立場で意識したいポイントは、1人で全てを解決しようとしないことです。経営者やマネージャーは、分析の方法論だけでなく認知バイアスの観点からも、分析者の支援体制の在り方を検討するようにしましょう。

2.4 のまとめ

・認知バイアスの影響は、統計的バイアスに留まらず QRP（疑わしい研究慣行）にも及ぶ。

・QRP は、主にアポフェニア・確証バイアス・後知恵バイアスの連携によって実行される。

・信頼できる分析に向けて重要なことは、分析者を認知バイアスから保護すること。

・分析者自身が認知バイアスの弊害に対して、自覚的（意識的）である必要がある。

・信頼できる分析の実現には、分析者個人の努力に加えて組織レベルの支援が必要である。

第 3 章

機械学習とバイアス

私たちの外側にある
推論マシーンとの向き合い方

　人工知能を牽引する技術として注目の機械学習に焦点をあて、この技術の基本的な考え方を紹介します。その上で、ここまで学んできた各種バイアス（認知バイアス・社会的バイアス・統計的バイアス）と機械学習のバイアスとの関連性について解説します。

　機械学習は「私たちの外側にある推論マシーン」だと言うことができますが、機械は自身のバイアスには無自覚的で、これを維持・強化する危険性を持っています。分析者がこの点を理解し回避することが、今後の人工知能活用における1つの重要ポイントになるでしょう。

3.1 機械学習の基礎

機械学習とは

　子供が学校の授業などから知識を得るように、機械にもデータから知識を獲得させる方法がないかと研究されきた人工知能技術が**機械学習（machine learning）**です[1]。

　図3.1.1をご覧ください。「機械」にリンゴ等の果物を判別させたいとします。相手が2歳くらいの子供なら、実物を見せながら「これがリンゴだよ」などと繰り返し例示してあげれば学習を済ませてくれますが、機械相手にそうはいきません。学習のためのプログラムを準備したり、そのプログラムが解釈できる形でデータを渡してあげる必要があります。

　機械学習は、このプログラムの作り方やデータの与え方について教えてくれるのです。

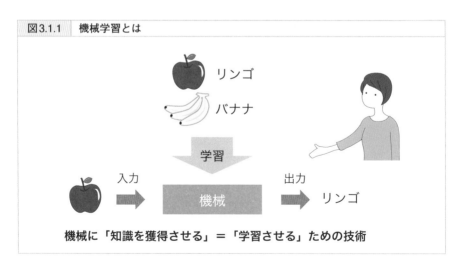

図3.1.1　機械学習とは

機械に「知識を獲得させる」＝「学習させる」ための技術

---

1)　機械学習の中でも特に深層学習と呼ばれる技術が、2010年代以降の人工知能技術の発展を牽引しています。

最新の機械学習の仕組みは複雑で、扱えるデータ量も大規模化しています。ただ、機械はまだ学習への意志（何のために学習をするのかといった目的意識）を持っていないため、分析者はこの点を補うべく学習目標の設定やそれに沿ったデータの準備など、様々な技術的なお膳立てをしてあげる必要があります。

 ## 機械学習の3類型

私たちが様々な学習スタイルを通して知識を得るように、機械学習にも以下3種類の異なる学習スタイルが存在します。この節では、その中の**教師あり学習 (supervised learning)** に焦点を当て解説します（教師なし学習と強化学習については後述）。

①**教師あり学習**：正解のある問題に対し、先生に答え合わせをしてもらいながら学ぶ

②**教師なし学習**：正解のない問題に対し、物事を観察する過程の中の気付きから学ぶ

③**強化学習**：成功と失敗の試行錯誤の中から、成功するためのコツを徐々に学ぶ

 ## 教師あり学習とは

教師あり学習は、子供が先生と一緒に進める学習に相当するものです。繰り返しになりますが、小さな子供にリンゴやバナナを教えるには「これがリンゴだよ」というように、「実物と答え」の情報を組み合わせて教えてあげますよね。

教師あり学習では、機械に対してこれと同じことをしてあげます。つまり、機械に物体を正しく認識させるには、認識対象の特徴を表すデータ（**特徴量**）と、そのデータに対応する答え（**正解ラベル**）の2種類のデータを準備し、機械に渡してあげるのです。

この正解ラベルが機械にとっての教師役になるので、このような学習を**教師あり学習**と呼びます。

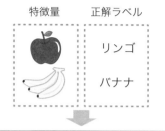

特徴量　　　正解ラベル

リンゴ

バナナ

機械学習（教師あり学習）

教師あり学習には特徴量と正解ラベルの2種類のデータが必要

学習と推論

　知識を獲得できたら、それを使って物事を考えることができるように、機械も学習を終えたら推論ができるようになります。ただ、私たちは推論を無意識的に行えますが、機械にこれを実行させるには、技術的な約束事を設けておく必要があります。

　具体的には、❶学習は「関数[2]を決めること」、❷推論は「その関数を使って新しい特徴量に対する出力を計算すること」と定義することで、学習と推論を数理的・技術的に表現することができるようになります。そして、このようにデータから決定された関数のことを、**学習済みモデル（pre-trained model）**[3]と呼びます。

2）　入力された特徴量（ある値）から答え（別の値）へ変換するための計算式。この式の特性によって、機械が学習できる内容や性能が変わります。

3）　2022年11月に、AI企業のOpenAIから公開されたChatGPTの「P」の部分は、この「Pre-trained」の「P」を表しています。大規模化された現代の機械学習は、この関数の形状がAI開発者にも不明なため、ブラックボックス化された関数と言われます。

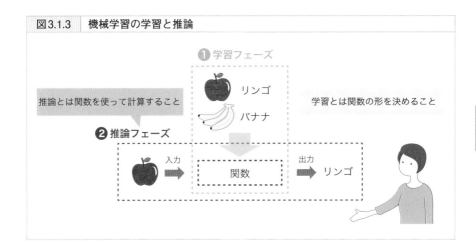

図3.1.3　機械学習の学習と推論

❶ 学習フェーズ

リンゴ

バナナ

推論とは関数を使って計算すること

学習とは関数の形を決めること

❷ 推論フェーズ

入力　→　関数　→ 出力　リンゴ

 ## 特徴量エンジニアリング

　機械学習は以前からある技術ですが、なぜ今広く活用されるようになったのでしょうか。これを理解するために、現在の機械学習が確立される前の研究事例を紹介します。取り上げる研究は、米国の心理学者ジョン・ゴットマン博士による「離婚の数理」研究（2005年）です。

事例 **離婚の数理**

　ゴットマン博士は、1980年代から3000組を超える夫婦に対して、過去の夫婦喧嘩を振り返らせ、その様子をカメラで記録しました。その目的は、彼の理論で夫婦の未来が予測できることを証明することです。

　彼は膨大な映像を、独自に考案した感情分類法（SPAFF：specific affect）を使ってスタッフに加工させました。なんと、ビデオを1秒ずつ再生させ、2人の感情を人手でコード化していったのです。

　このようにコード化された「夫婦間の感情情報（特徴量）」と「その後の結末（正解ラベル）」から、ゴットマン博士は「僅か15分のビデオを見れば、夫婦の15年後を90％の確率で予測できる」ことを主張しました。

この一連の過程には、**特徴量エンジニアリング**と呼ばれる工程があります。それは「映像を1秒毎の感情変化のデータに変換した工程」です。また、この研究では複数のコーダーが存在したため、コーダー間のラベリングの整合性チェック[4]もこの工程に含まれます（図3.1.4）。

図3.1.4　ゴットマン研究における特徴量エンジニアリング

行動観察　→　SPAFFコード化
（特徴量エンジニアリング）　→　データのチェック

表情・声色・発生内容から、夫婦の感情をデータ化

コーダー間のラベリングの整合性チェック

元データを加工して分析対象の特徴を表すデータを作成すること

　ゴットマン博士の研究スタッフはこれを人手でやりましたが、現在の技術を使えば、映像から2人の感情を推定することは比較的簡単にできます。様々な感情を判別するために構築された学習済みモデルがオープンソースとして無償で公開されていることから、この研究のSPAFFコード化に相当する作業を代替することが可能なためです。

　このように従来、一部の専門家しか対応できなかった特徴量エンジニアリングが、今では幅広い分野の技術者が利用できる技術環境が整えられ、これが機械学習の活用を促しています。

機械学習のバイアス問題

　機械学習を身近にしてくれた学習済みモデルは、一方でバイアスの隠れ蓑になっています。学習済みモデルがあるということは、当然、学習データを誰かが準備

4）　これは2章で紹介した情報バイアスの対処「評価者間の信頼性」チェックに相当する作業です。

したくれたことを意味しますが、ここで新たな問題になるのが**アノテーション**と呼ばれる正解ラベルの準備工程です。

　果物の例に戻って考えてみましょう。

　リンゴにも赤や緑のものや形状の異なるものが存在します。そして、機械がそれらを正しく認識するには、相当量のデータに対し「これはリンゴだよ」と答えを準備する必要があります。

　ただ当然ですが、アノテーション作業者も時には間違えますし、表情や仕草のような判別に至っては作業者の生まれ育った国や文化の影響も受けるでしょう。ところが、このようなバイアスは利用者からはとても見えにくくなっているのです。

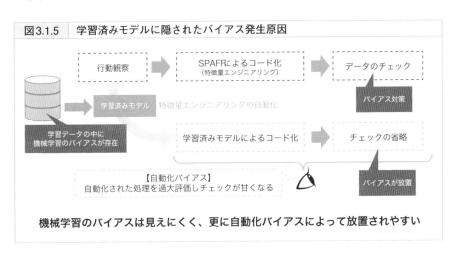

図3.1.5　学習済みモデルに隠されたバイアス発生原因

機械学習のバイアスは見えにくく、更に自動化バイアスによって放置されやすい

　機械学習のバイアスに目が向かないのは、利用者の認知バイアスも影響しています。利用者にとって、学習済みモデルは自動で計算をしてくれる外部推論マシーンですが、私たちには「自動化された処理結果を信じて疑わない認知的傾向」の**自動化バイアス**があるために、学習済みモデルの推論結果のチェックが甘くなってしまうのです。

　機械学習に関するバイアス[5]は、ここまでに解説したような技術理解の負担に加え、私たちが持つ認知バイアスによっても放置されやすくなっています。

---

5)　今回の説明で発生しているバイアスは、前章で述べた統計的バイアスの分類では情報バイアスに該当します。

機械学習とバイアス軽減

　認知バイアスや社会的バイアスの軽減を考える際、大きく2つの考え方が存在します[6]。機械学習は私たち人間にとっての道具の1つですから、以下の②「技法主義」の道具や手法の中に含めて考えることができます。

> ①改善主義：経験や教育によって、バイアスの軽減を図ろうとする考え方
> ②技法主義：様々な道具や手法を使うことで、バイアスの軽減を図ろうとする考え方

　例えば、差別や偏見（社会的バイアス）持った人は、犯罪現場の目撃証言に際し、黒人が手に持っているものを「銃」と誤認しやすくなることが知られています。このような偏った証言を当てにするくらいなら、監視カメラ映像を機械に判別させた方がまだ信頼できるでしょう。

　機械の学習が「上手に行われている」なら、学習済みモデルは私たちのバイアスを軽減する道具として使えるということです。ただ、機械の学習データを適切に準備できなければ、構築された学習済みモデルも「適切な道具」にはなり得ません。分析者には機械学習に関するバイアスを学び、モデルが私たちのバイアス軽減装置として使えるように、機械を適切に学習させることが期待されるのです。

3.1のまとめ

・機械学習は、データから機械に知識を獲得させるための技術である。
・機械学習には、教師あり学習・教師なし学習・強化学習の3種類の学習がある。
・誤ったデータで学習された学習済みモデルはバイアスの温床となる。
・一度構築された学習済みモデルは、自動化バイアスによってチェックされにくくなる。

---

6)　この他にも、弁明主義という考え方があります。これは「私たち人類が進化適応した自然環境では、ヒューリスティックや認知バイアスのパフォーマンスは改善される」という考え方です。

3.2　機械学習のバイアス

 機械学習のバイアスの種類

　機械学習の目標は、どうやって機械にデータから知識を獲得させるか＝学習させるかなので、前章で学んだ統計的バイアスとは違った視点からバイアスを理解することができます。

　産業技術総合研究所主任研究員の神嶌敏弘博士は、機械学習で注意したいバイアスとして、以下3種類のバイアスを挙げています。

> ①**データバイアス**：認知バイアスや社会的バイアス等に起因するバイアス
> ②**選択バイアス**：学習用データが偏って抽出されたことに起因するバイアス
> ③**帰納バイアス**：機械の「帰納的な学習」スタイルに起因するバイアス

　前章で学んだ**統計的バイアス**との対応で記すと、データバイアスは情報バイアスに、選択バイアスはそのまま選択バイアスに対応します。そして、最後の帰納バイアスは「帰納的な学習」という点に焦点が当てられ、新しい視点から理解する必要のあるバイアスです。

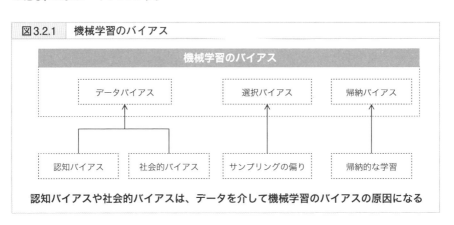

図3.2.1　機械学習のバイアス

データバイアス

データバイアスは、統計的バイアスの情報バイアスに相当するものです。ここでは、法科学領域のバイアス研究で有名なロンドン大学イティール・ドロア博士の2021年の研究結果を題材に、このバイアスへの対処の必要性を改めて振り返ってみましょう。

事例　病理学者が生み出すデータバイアス

　ドロア博士は、米国ネバタ州の死亡診断データを使って、病理学者の判断に認知バイアスが影響するかを実験的に検証しました。具体的には、医学的判断に無関係な情報が、病理学者の子供の死因判定（殺人か事故死か死因不明か）にどのように影響するのかが分析されました。

　その結果、全く同じ医学情報であっても、黒人の子供は白人の子供と比べて「事故よりも殺人と判断されやすい」こと、また保護者が誰か（祖母を養育者とするか、母親のボーイフレンドを養育者とするか等）といった情報にも影響を受けることが確認されました。

　病理学者たちの死因判断を機械に学習させる場合は、彼らの判断結果はそのまま正解ラベルになります。そしてこの研究が示唆することは、どんなに高度な科学的訓練を受けた人であっても、社会的バイアスの影響からは逃れられず、データバイアスを発生させるということです。

 ## データバイアスの軽減は組織的に図る

　実務の現場では、専門家や多忙な関係者から入手したデータを疑うことは躊躇されます。ですので、データ収集段階で望まれる「評価者間の信頼性」指標などの取得については、分析者個人の自主性に任せるのではなく、組織的なルールとして行うようにしましょう[7]。

---

7)　信頼性指標の取得にあたっては、学習済みモデルの「精度過大評価」の恐れ（2章解説の誤分類バイアスや範囲バイアス）を関係者に伝え、データの収集後においても、データ品質のチェックのための依頼が発生し得ることを伝えておきましょう。

選択バイアス

　選択バイアスは「手元データが目標母集団を代表するように選択されていないことに起因するバイアス」で、このバイアスへの対処の原則は「手元データを、可能な限り目標母集団を代表させるようにする」でした。

　ただ、機械学習の活用に際しては、この原則を超えた対処をすることがあります。ここではその点について解説します。

　例えば、あなたの会社で「従業員一人一人に対して社内の公開ポジションを推奨してくれる学習済みモデル（推奨モデル）」が運用されていたとします。このモデルの導入目的は「従業員に等しくキャリアを構築する機会を提供すること」で、モデル開発者は、社内の従業員の職種区分構成などに注意を払い、機械の学習用データに偏りがないことを確認していたとします。

　ところが、このモデルへの利用者の反応（推奨内容への満足度）を調査したところ、バックオフィス系の人たちの評価が他職種の人に比べてとても悪かったとしましょう。

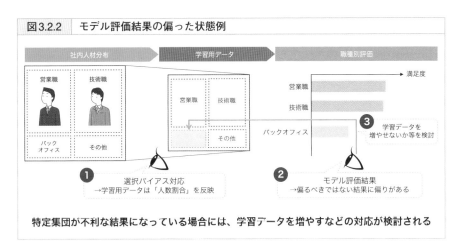

図3.2.2　モデル評価結果の偏った状態例

特定集団が不利な結果になっている場合には、学習データを増やすなどの対応が検討される

　問題が「選択バイアス」ではないと予想される中、こういった「評価結果の偏り」に直面したとき、分析者は「評価の低い職種関連のデータを増やせないか」と考えます。データを増やせば、勉強量を増やした子供のように機械が賢くなり、

推奨内容も適切なものになって、それに対する評価も向上することが期待できるからです。

　一部のデータを増やしたら結果として「学習に使っているデータは、社内従業員全体を代表するデータ」とは言えなくなりますが、それでも学習済みモデルの利用目的を考えれば、データを増やす方が価値があると考えられます。

　選択バイアスは確かに悪者ですが、それ以上に重要なことは、学習済みモデルを利用する人たちが公平に推奨サービスの恩恵に預かれることです[8]。そのため、機械学習を扱う分析者は、評価結果の偏りを正すためなら、選択バイアスが生じることになっても特定集団のデータを増やすことをほとんど躊躇しません。

　このことは、次の帰納バイアスを学ぶことで一層理解が深まると思います。

 ## 帰納バイアス

　帰納バイアスは、少し特殊で「機械が帰納的な学習[9]を進める際に必要とする『学習時の仮定や事前知識』のこと」です。これが現実と乖離していると学習が失敗しやすくなります。例えば「気温に比例してアイスの売上が増える」と仮定し、機械に売上の予測式を学習させることはできますが、もし現実の売上がある気温を境に急激に増えるのなら、先の仮定が足枷となってあまり良い学習はできないでしょう。

　このバイアスは私たち人間にも見られます。例えば、若い頃（昭和）に獲得した知識に固執すれば、現代（令和）の人材マネジメントのコツを習得するのに苦労するでしょう。これは事前知識が新しい学習を阻害するケースです。

　このように帰納バイアスが現実と乖離すると、「学習したことのある既知のパターンについては精度高く推論できても、学習データに含まれない未知のパターンに対しての推論精度が保証されない」という弊害が生じます（汎化の失敗と呼ぶ）。

---

8)　モデル利用者の社会的属性ごとに精度が変わらないことは、公平性の1つの目安になります。「機械学習の公平性」が優先される状況では、全体精度を犠牲にして精度の公平性を追求することがあります。

9)　帰納的な学習とは、データの中にある共通性や規則性から知識を獲得することです。

図3.2.3　帰納バイアスの弊害例

学習データよりも広大なデータ空間

帰納バイアスの弊害例
未知のケース（新人）に、
偏重した知識が通用するかは不明

例：シニアになって若い部下を理解できるか？

学習データの範囲

昭和

帰納バイアス

学習時の仮定例
若い頃の経験に固執
（追加学習が遅くなる）

例：若い頃の経験に偏重した知識

学習済みモデル

学習していないパターンに対する推論結果の精度は保証されない

　先に、「選択バイアスが生じても、学習済みモデルの推論結果の弱点を克服するためなら、分析者はデータの追加を厭わない」といった趣旨の解説を行いました。

　これは、選択バイアスと帰納バイアスの弊害をトータルで考えれば、データ不足のために帰納的な学習が追いついていない推論結果の弱点を補強する方が、学習データが目標母集団を代表しているよりもリターン（精度改善）が大きくなる可能性があるということです。

　これを受験勉強に例えるなら、試験に出る科目は全て勉強すること（推論させたいパターンは全て学習データに含めること）、苦手科目があれば相対的な勉強時間を増やす＝試験科目の点数配分とは異なっても勉強時間を調整する（推論結果の弱いパターンがあればデータを補充する）ということです。

3.2のまとめ

・機械学習のバイアスは、データバイアス・選択バイアス・帰納バイアスに
　分けられる。
・認知バイアスや社会的バイアスはデータバイアスの原因となる。
・選択バイアスよりも帰納バイアスの方が優先的に対処されることがある。
・帰納バイアスは機械学習固有のバイアスである。
・科学的訓練を受けた専門家でも、データバイアスの発生源になる。

3.3 パターン認識

 人のパターン認識

パターン認識とは、私たちが置かれた外部世界の状態を認識することであり、この認識次第でその後の推論・判断が変化するため、認知過程の中でも特に重要な働きと言えます。

そして、機械学習の中の**教師なし学習（unsupervised learning）**は、人のパターン認識の働きをどのように機械に実行させるかという観点から研究されてきた技術です。

ここでは、私たち人間が持つ優れたパターン認識の能力がどのようなものかを、第二次世界対戦中の暗号読解の事例を通して確認することから始めたいと思います。

> **事例** **イギリスによる暗号パターンの読解**
>
> 第二次世界大戦の最中、イギリスの諜報員はドイツ軍の（ツーとトンから構成される）モールス暗号による通信を傍受していました。通信は暗号化されていましたが、それでもイギリスの諜報員たちは傍受によって貴重な情報を得ます。それは「誰がモールス信号を打電しているか」という情報です。もちろん、これはイギリス側の推測に過ぎません。しかし、それを推測できたのは、通信士のツーとトンの打ち方の個人差（パターン）を認識できたからでした。

このパターンが認識できたことで、イギリスはその後の推論の展開が可能になります。例えば、「普段はお昼のシフトを担当している通信士が夜の通信も行っているから、彼の担当部隊は今、忙しいのだろう」といった推論が可能となり、これにより敵の動きを予想できたのです。

　モールス信号のパターンを解読できたのは、私たちの優れたパターン認識能力のお陰です。人は正解ラベルがなくても、観察し続けることでパターンを認識することができるのです。

 ## クラスターの錯覚

　私たちが新しいパターンを認識し発見できることは経験的に明らかですが、このパターン認識の正確性が高いかどうかは別問題です。先に紹介した事例と同様、第二次世界大戦中のロンドン市民のある反応から、人のパターン認識の傾向・弱点を解説します。

> **事例　ドイツによる空爆のパターンを探せ**
>
> 　第二次世界大戦中、ロンドン市民は毎日のように続くドイツの空爆パターンを見出そうとしました。市民の中には、当時（相対的に）安全だと信じた地域へ移り住む者もいました。
> 　イギリス軍も同様の関心から、統計家による空爆パターンの検証を行っていましたが、戦後、イギリスの統計学者R.D.クラークによって「空爆はランダムなものだった」という検証結果が公表されています[10]。

　私たちは、実際にはランダムに着弾しただけの跡であっても、それらが偶然重なった位置（データの塊＝クラスター）にあると系統的なパターン（敵の作戦意図）のように感じてしまう認知的な傾向を持っていて、これを**クラスターの錯覚（clustering illusion）**と呼びます。

　図3.3.1をご覧ください。
　皆さんは、左右どちらの図がランダムなパターン（偶然の着弾）に感じるでしょうか？

---

10) クラークはロンドン市街を数千の等しい大きさの区画に分割し、そこにミサイルが命中する微小確率を仮定して、理論値と実際数値の乖離を評価しました。その際、ポアソン分布とカイ二乗検定が使われています。

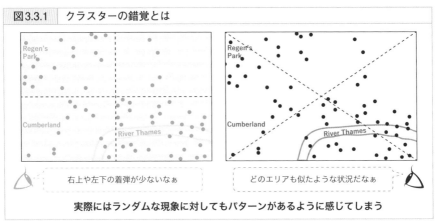

図3.3.1　クラスターの錯覚とは

右上や左下の着弾が少ないなぁ

どのエリアも似たような状況だなぁ

実際にはランダムな現象に対してもパターンがあるように感じてしまう

出所：書籍「How We Know What Isn't So: The Fallibility of Human Reason in Everyday Life by Thomas Gilovich(1993-03-05)」を
　　　参考に著者がアレンジ

　この図は、米国コーネル大学の心理学者トーマス・ギロヴィッチ教授によって
取り上げられた実際のロンドンの着弾地図で、違うのは補助線の入り方だけです。
　左側のように（おそらく最も一般的な）縦横の補助線を入れると、右上と左下
のエリアの着弾の少なさ＝パターンが気になると思います。一方、右側のように
補助線を対角に入れると、既に紹介した通り「ランダムなパターン」だと感じら
れるようになるでしょう。
　このように私たちは、統計的にはランダムだと認められるような現象に対して
も、系統的なパターンを検出しようとする心の働き（クラスターの錯覚）を持っ
ているのです。

クラスターの錯覚の意義

　クラスターの錯覚によって本来は存在しないパターンを検出することは、
文字通り「生存」を最優先に考えた場合は必ずしも悪いことではありません。
安全性の変わらないエリアに移住するコストを「保険料」だと割り切れるな
ら、万一本当にパターンがあった場合には爆弾を避けて生存できる確率が増
えるからです。問題は「保険料」と割り切れないような平時においても、パ
ターンを過剰に検出しそれを疑わないことです。

ギャンブラーの誤謬

もう1つ、人のランダム性を巡る認知バイアスを紹介します。音楽のストリーミング配信を手掛けるSpotifyテクノロジーは2014年当時、プレイリストの曲を完全にランダムにシャッフルする機能を提供していました。しかし一部のユーザーから、これはランダムではないとの指摘を受けます[11]。

最終的に、Spotifyのエンジニアは、ユーザーの指摘したい内容が「同じアーティストの楽曲が連続して並んでいるのがランダムっぽくない」ということを理解しました。

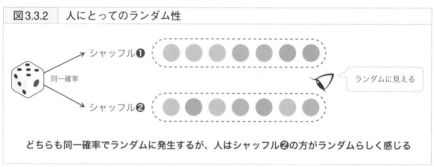

図3.3.2　人にとってのランダム性

どちらも同一確率でランダムに発生するが、人はシャッフル❷の方がランダムらしく感じる

出所：https://engineering.atspotify.com/2014/02/how-to-shuffle-songs/ を参考に著者がアレンジ

シャッフル❶とシャッフル❷の丸い図形は「プレイリスト内の楽曲」を表し、色はアーティストを表しています。7曲のうち3曲が緑色、2曲が灰色、2曲が黄色と同じ構成なので、2つのシャッフルとも、全く同じ確率で起きるプレイリストの1つだとわかります。

ところがユーザーは、同じアーティストが連続するシャッフル❶はランダムぽくないと感じやすいのです。人は「同じ傾向が続くと、次は違うパターンが来るはずだと期待しやすくなる」ことが知られていて、この傾向を**ギャンブラーの誤謬（gambler's fallacy）**と呼びます。

この認知バイアスは、株価の暴落や暴騰局面でも見られます。株価が上がり続

11）当時、Spotifyテクノロジーでは、フィッシャー・イェールのシャッフル（Fisher-Yates shuffle）と呼ばれる、有限集合（プレイリスト）からランダムな順列（曲順）を生成するアルゴリズムを使っていました。

けると、そろそろ下がるかもしれないと考え利益確定を焦ります。また暴落時にはそろそろ反転するだろうと考え、買い増して損失を広げます[12]。

　私たちは確率的に物事を判断するとか、物事の背景の因果関係を分析し判断するというよりも、直感でパターンを判断する傾向があるのです。

機械のパターン認識

　ここまでは人間のパターン認識を見てきたので、ここからは機械のパターン認識について見ていきましょう。

　機械学習の中でも「機械に人のようなパターン認識をさせたい」と開発された技術が、**教師なし学習（unsupervised learning）** と呼ばれるものです。

　これは名称が示す通り、教師あり学習とは違って正解ラベルを必要としない学習です。イギリスがドイツ軍のモールス信号の打電者を認識できた際に「これは誰々が打ちました」などとは書かれていなくてもパターンを認識できたように、答えを知らされなくてもパターンを見出すことがこの教師なし学習の目標です。

　教師なし学習の結果例として、自動車の形状（特徴量）から車のパターンを認識させた結果の様子を図3.3.3に示します。

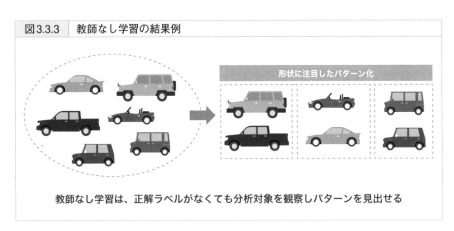

図3.3.3　教師なし学習の結果例

形状に注目したパターン化

教師なし学習は、正解ラベルがなくても分析対象を観察しパターンを見出せる

---

12) 相場格言の1つに「落ちているナイフは掴むな」というものがあります。これはギャンブラーの誤謬に惑わされて、急落中の株を買うなという戒めです。

　教師なし学習は、特徴量（車高・車幅などの車の形状を表すデータ）だけで似たデータ同士を塊（クラスター）にしてくれます。図3.3.3の右側にあるような3つのクラスターを分析結果として示されると、私たちは帰納的に物事を推論することが得意なので、その共通項をすぐに見つけることができ、そこから様々な推論（車種ごとの使い分け方とか利用シーン）を巡らせることができます[13]。

機械のパターン認識の限界

　機械のパターン認識には大きな弱点があります。それは「機械は特徴量に重みを付けることができない」という弱点です。

　図3.3.4をご覧ください。全部で4匹のアヒルがいます。左端の子を「アヒルの典型」とした場合、❶から❸で珍しいと感じるアヒルは何番の子でしょうか。

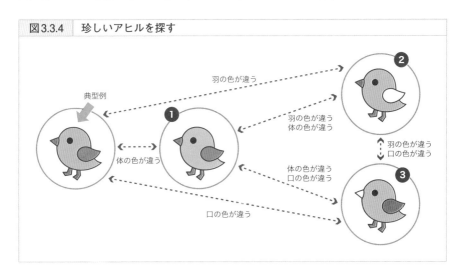

図3.3.4　珍しいアヒルを探す

　おそらく、❶の「緑の子」が珍しいと感じたはずです。

　私たちが「珍しさ」を感じられるのは、「普通」を知っているからですよね。アヒルの場合、特に重要なのは「体の色」です。「普通のアヒルは黄色」という知識があるので、脳は勝手にその知識を重視してパターン認識してくれます。

---

13) この種の推論を「カテゴリーに基づく推論」と呼びます。パターン（カテゴリー）を認識し、そのパターンに紐付く知識を使って推論するというものです。教師なし学習は、この推論の一手目のパターン認識を支える技術です。

ところが、機械はこのような常識的知識を使って勝手に認識することが苦手です。個体❶は体の色が違う、個体❷は羽の色が違う、個体❸はクチバシの色が違う。どの子も1箇所ずつ違うので、典型例からの「違いの個数」なら、どの子も同じように違うと結論付けてしまいます。つまり、何にどう注目するかによって様々な結論に到達してしまい、結論が出せなくなるのです。

　人間は物事を決め付ける傾向がありますが、この傾向がなければ、機械のようにあらゆる結論に到達してしまい、推論を終わらせる＝判断を下すことができなくなるでしょう。

　そんな訳で、機械に人間のように物事を認識させるためには、どの特徴量に注目してパターンを認識させるかを分析者が決めて、機械に伝えてあげる必要があるのです。

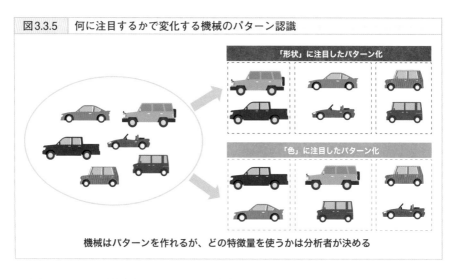

| 図3.3.5 | 何に注目するかで変化する機械のパターン認識 |

「形状」に注目したパターン化

「色」に注目したパターン化

機械はパターンを作れるが、どの特徴量を使うかは分析者が決める

　認知バイアスや社会的バイアスという観点から見ると、この人間と機械の関係は厄介です。なぜなら、分析者がどの特徴に注目するかを決めるときに、恣意性や偏見（バイアス）の入り込む余地が生まれるからです。

3.3のまとめ

・人間は正解ラベルがなくてもパターンを認識することができる。

・人間はランダムらしさの認識を苦手としている。

・人間ができるパターン認識を機械にもさせようとした技術が、教師なし学
　習である。

・機械には限界があって、人間のように何に注目してパターン化するかを決
　められない。

3.4 専門性に基づく直感と機械学習

直感とは

ここでは、直感と強化学習をテーマに解説を行います。直感的判断や行動は、機械学習の中の**強化学習**に関連付けて理解することができることを紹介していきましょう。

直感（intuition）は、分析的推論とは対照的に「理由はうまく説明できないけれど、即座に判断を下させる気付きを私たちに与えてくれるもの」です。

米国の組織心理学者エドゥアルド・サーラス博士の2010年の論文を元に整理すると、直感は以下のように分類して理解することができます。

---

①ヒューリスティック起因の直感：本能的に働く直感
②暗黙的な学習結果としての直感：社会の中で暗黙的に学習した結果として働く直感
③専門的な学習結果としての直感：専門分野に習熟した結果として働く直感

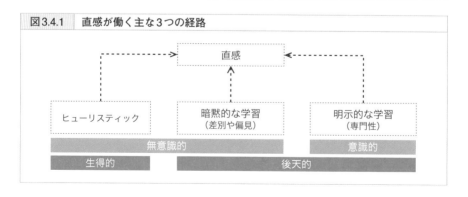

図3.4.1　直感が働く主な3つの経路

「ヒューリスティック起因の直感」は、例えば、想起の容易性に基づき何となく下される飛行機事故の確率的判断などが該当します。これはほとんど個人差のな

い直感と言われています。

2つ目の「暗黙的な学習結果としての直感」は、例えば他者の微妙な顔の表情、体の姿勢、ジェスチャーから、その人の感情や性格や意図を判断するときに使われる直感です。米国の心理学者マシュー・リーバーマン教授は、これを**社会的直感（social intuition）**と呼び、生涯を通じて発達する能力だと述べています。

最後の「専門的な学習結果としての直感」は、私たちが意識的に専門性を深める過程で使えるようになる直感のことで、学習とも深く関連しています。無意識的・暗黙的に身につけられる直感も興味深いのですが、ここでは意識的に磨かれる直感力、すなわち「専門性に基づく直感」に焦点を当てて解説を進めたいと思います。

専門性に基づく直感

意思決定研究で著名な米国の心理学者ゲイリー・クライン教授は、専門家が手にする能力の中で最も重要なものは「パターン認識能力」であると述べています。ここで言うパターンとは、自身が置かれた外部世界の状況の中でも、特にその後の推論や判断に役立つものです。

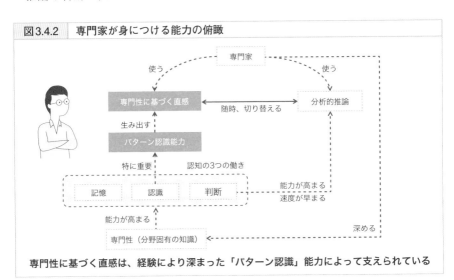

図3.4.2　専門家が身につける能力の俯瞰

専門性に基づく直感は、経験により深まった「パターン認識」能力によって支えられている

図3.4.2をご覧ください。専門家が身につける能力を認知の働きの観点から俯瞰したものです。専門性に基づく直感は、1章で紹介した二重過程理論のタイプ1思考（P32参照）に属するため、専門家は素早く判断を下すことができます。

 ## 専門性に基づく直感の分解

専門性に基づく直感は、二重過程理論で言うタイプ1に属すると書きましたが、この点をもう少し詳しく解説します。

図3.4.3をご覧ください。これは1章で取り上げた「思考過程の普遍モデル（P35の図1.3.5）」の中の、専門化（専門性の深まり）に焦点を当てたものです。繰り返し同じような情報に触れ、似たような判断を繰り返すうちに思考回路が自動化され、パターン認識回路ができ上がります。これが専門化です。そしてこの状態に至ると、外部世界の情報からパターンを明確に認識できることが増えて、その後の判断もタイプ1過程で自動的に扱えるようになります。

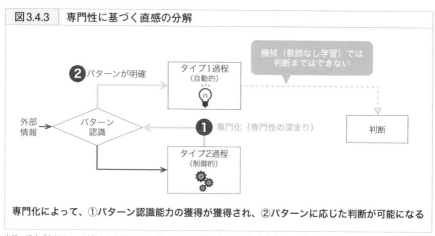

図3.4.3　専門性に基づく直感の分解

❷ パターンが明確　タイプ1過程（自動的）

機械（教師なし学習）では判断まではできない

外部情報　パターン認識

❶ 専門化（専門性の深まり）

判断

タイプ2過程（制御的）

専門化によって、①パターン認識能力の獲得が獲得され、②パターンに応じた判断が可能になる

出所：論文「A Universal Model of Diagnostic Reasoning」（Pat Croskerry）を参考に著者がアレンジ

このタイプ1過程で行われる判断の際、専門家が多用する推論の型が「カテゴリーに基づく推論」です。この推論自体は、誰もが幼少期から日々使っています。例えば「椅子は座れる」とか「テーブルには座れない」といった推論は、物体を「認識」できて常識的な「行動ルール」に基づき即時判断しているに過ぎません。

さて、この推論は以下のように分解することができます。専門家も同じ推論の型を使いますが、素人には気付けないパターンを認識でき、素人には理解の難しい行動ルールを理解できて初めて、専門家としての価値が生まれます。

> ・カテゴリーに基づく推論＝パターンの認識＋行動ルール
> ・パターン＝その後の推論・判断に影響を与えるような意味ある外部世界の状況（「これは椅子である」など）
> ・行動ルール＝「椅子なら座れる」といったルール

ここまで専門家の直感的判断を分解できると、専門家と機械の差が明らかにります。

専門家は、「認識されたパターン」から「どんな行動を取るべきかのルール」までセットで持っていますが、機械（教師なし学習）はパターンの認識で止まってしまい、その後の判断や行動は人間に委ねられているということです。

強化学習

強化学習は、教師なし学習の限界の克服を目指した技術で、パターンを認識した後に、どんな行動を取ればいいかまでを機械に学習させようとする技術です。そのため強化学習では、機械に実際の行動を試行錯誤させて、その試行が成功したら褒め、失敗したら叱るといったことを繰り返し経験させることで、機械に適切な行動ルールを身につけさせようとします。

これが実現できれば機械は大きく人間に近づくのですが、なかなか難しいのが実情です。

例えば、機械は指示されれば、「丁寧に喋る」とか「偉そうに喋る」といったことはできても、自分で空気を読んで、今は「丁寧に喋ろう」とか「この相手には冷たくしよう」といったことはしてくれません。そして、機械にこの試行錯誤をさせるための装置、すなわちシミュレーター（世界の動きを表現するもの）を準備してあげることがとても難しいのです。実社会に近いような複雑なものほど、そのハードルは高くなります。

ただ理屈上は、シミュレーターさえ与えられれば、機械はその世界で試行錯誤を繰り返し、最初はデタラメでも、とにかくデータからパターンを抽出し「世界の状況がパターンAなら行動aを取る」といった行動ルールを試していきます。そして、この試行錯誤の過程で、行動が上手く行ったら褒められ、失敗したら叱られ、適切な行動ルールへと導かれます。

この「飴と鞭」のことを**報酬関数**と呼びますが、分析者はシミュレーターとセットでこの報酬関数も準備してあげなくてはなりません。

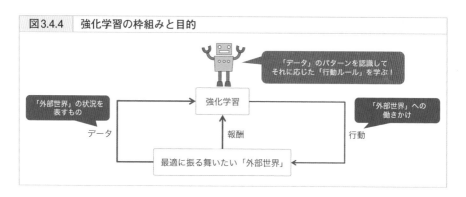

図3.4.4　強化学習の枠組みと目的

人と機械に共通する習熟条件

機械はよく学習に失敗しますが、人間も学習に必ず成功するとは限りません。では、少しでも確実に専門性を深めることに成功するには、どんな環境が良いのでしょうか?

その条件はいくつか知られています。具体的には次の3つです。

専門性を深めるための環境条件

・繰り返し、同様の判断を求められる環境
・試行錯誤の結果に対して一貫したフィードバックがすぐに返ってくる環境
・根本なメカニズムが変化しにくい環境

これらを満たした学習者としてよく登場するのがプロ棋士、スポーツ選手、音楽家です。幼少期から繰り返し練習して選抜されたエリートであり（報酬関数の洗礼を受けている）、また細かいルールの変更はあっても、その根本が変わることはありません。

飛行機のシミュレーター訓練も、パイロットに似た環境を提供します。重大事故リスクの脅威的な低さは1章で紹介した通りですが、新人営業担当者がロールプレイやオンカメラ訓練（自分の映像をメンターと一緒に振り返る）を繰り返し課されるのも、このような理論的背景があるからです。

逆に、これら条件の欠けた例は人材採用領域です。ここでは特に、**フィードバックの遅延**が課題になります。そもそも採用判断が良くて社員が活躍したのか、現場相性や配属事業部のビジネス環境が良かったかの切り分けが難しいからです。そのため、仮に入社後数年のデータを用いて要因の切り分けに成功しても、その頃には採用担当者は当時の判断を忘れているでしょう。そのタイミングでフィードバックを与えられても、学習には役立たないのです。

このように、人がこの「専門性に基づく直感」を獲得するのには、かなり環境的な制約が多いと言えるでしょう。

3.4のまとめ

- 専門家の直感力はパターン認識能力によって支えられている。
- 専門家の判断が早いのは、二重過程理論のタイプ1で思考を処理しているからである。
- 機械（教師なし学習）はパターン認識までしかできない。
- パターン認識後の行動まで機械にさせるには、強化学習が必要になる。

3.5 社会的バイアスと機械学習

 社会的バイアス

　機械がリンゴやバナナなどの一般物体の認識に失敗しても単なる精度問題で済みますが、認識させたいカテゴリーが人種など社会的カテゴリーとなると、厄介な問題に直面します。偏見や差別といった社会的バイアスの問題を無視できないからです。

　図3.5.1をご覧ください。どちらもヒーロー像ですが、左右で感じ方が異なりませんか？

　これは、私たちの中に形成された「ヒーロー」カテゴリーの典型例とのギャップで説明することができます。

図3.5.1　ステレオタイプによって生じる違和感

ヒーローらしさ（ステレオタイプ）から遠いものには「違和感」を覚える

　ある社会的カテゴリーから想起されるイメージは**ステレオタイプ（stereotype）**と呼ばれ、特に社会的バイアスの温床になるものとして警戒されています。今回想定した「ヒーロー」のステレオタイプは「マッチョで頼れる感じ」です。

　図左側は、このステレオタイプに近いため違和感が少ない一方、図右側は頼りない印象が先行してしまい、違和感を覚えたのではないでしょうか。つまりここ

での違和感は、①ヒーローの格好を「ヒーローのステレオタイプ」を持った人ではなく、②「別のステレオタイプ」を持った人に置き換えたことで生じているのです。

このような置き換えは、**ステレオタイプ置換（stereotype replacement）**と呼ばれ、私たちの中にある社会的バイアスに気付かせる1つの手段として知られています。「自分には偏見などない」という態度から脱却することが、社会的バイアスへの対処の第一歩となるのです。

データに蓄積される社会的バイアス

社会的バイアスを持つ誰もが、データバイアス（学習済みモデルに影響を与える機械学習のバイアスの一種）の温床となります。ベルギーの経済学者マリアンヌ・バートランド博士らによる研究結果を題材に、この点について振り返りましょう。

事例　履歴書の名前と書類選考の結果

2003年、マリアンヌ・バートランド博士らは「EmilyとGregは、LakishaとJamalより雇用されやすいか？」というタイトルの論文を発表しました。この研究では、名前以外全く同じ内容の5000枚の履歴書を1300件もの求人に送付し、人種効果が検証されました。

その結果、黒人らしい名前だと、白人らしい名前の時と比べて応募書類への折り返し連絡をもらえる確率が半減することが確認されました。またこの差は、性別、求人広告の掲載場所、職種が異なっても同じ結果になることが確認され、バイアスの根深さが示されたのです。

応募書類への反応時点でこのような状況ですから、入社後の人事査定にもバイアス（偏見）があると考えるのが自然でしょう。

例えば、カリフォルニア大学ヘイスティングズ・ロースクールの法学者ジョアン・ウィリアムズ名誉教授は、次のようなバイアス例を紹介しています。

①女性の査定の66%に「性格」に関する否定的なコメントが含まれる一方、男性では1%であった
②黒人男性の83%が「良い態度」を褒められたのに対して、白人男性は46%であった
③白人女性の27%が「暖かい態度」を褒められたのに対して、白人男性は10%であった
④有色人種や白人女性は、「性格」に言及される傾向がはるかに強かった

　①では、性格に関して否定的に言及すること自体が悪いのではありません。なぜ性別でここまでの差が生じるのか、この偏りが問題ではないかと認識することが大切です。

　②や③も同様です。褒められているのだから良いだろうといった認識で留まるのではなく、社会的属性による結果の偏りについて楽観的に放置すべきではないでしょう。

　このバイアスを取り上げたウィリアムズ教授は、これらの偏りは、有利な立場の集団ほど自分の成果や専門性に集中できている一方、不利な立場の集団ほど性格や態度といった「本来成果とは別のこと」まで気にしなければならない（または気にされている）証拠であると主張しています。

　このようなデータバイアスを放置したまま機械学習技術を使えば、最悪、偏見を含んだ評価を機械も真似をするようになり、組織内のバイアスが益々強められる危険性があるのです。

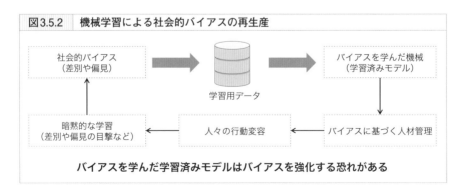

図3.5.2　機械学習による社会的バイアスの再生産

社会的バイアス（差別や偏見）　→　学習用データ　→　バイアスを学んだ機械（学習済みモデル）

暗黙的な学習（差別や偏見の目撃など）　←　人々の行動変容　←　バイアスに基づく人材管理

バイアスを学んだ学習済みモデルはバイアスを強化する恐れがある

社会的バイアスとデータ分析

　ここでは、機械学習から離れて広くデータ分析の観点から社会的バイアスとの向き合い方を解説します。特に社会的バイアスを放置したままの機械学習は使いにくく、もっと基本的な分析が重要になると考えているからです。

(1) 二重規範

　社会的属性によって評価が変化するのは、典型的な**二重規範**です。例えば「manterruption」（男性が女性の発言を遮ること）という造語が示す行動、つまり男性が女性の発言を遮る頻度が、その逆に比べて圧倒的に多いような組織には、この二重規範が疑われるでしょう。

　分析できるデータ範囲（チャットツールなど）は広がっていますが、どんな切り口で分析すればいいのかがわからないことも多いです。manterruption的な行動の確認、つまり社会的属性によって偏った行動がないかどうかの確認は、組織の状態を確認する上で欠かせない分析の1つになるでしょう。

(2) 不当に要求される能力証明

　例えば、転職して間もないタイミングで、自分に何ができるのかを組織の人たちに証明したい・証明する必要があると感じるのは自然なことだと思います。ただ、これが社会的属性によって恒久的に続くとしたら、もはやそれは不当な要求と言えるでしょう。

　ウィリアムズ教授は「誉められている集団」の方こそ「不当な要求の被害者」だと指摘します。褒められるのは要求を満たしたから、つまり要求されている側だからということです。この主張を全面的に受け入れるべきかはわかりませんが、「ハイパフォーマーがどんな点で褒められているのかを分析し、その点をみんなで伸ばそう！」といった分析提案には注意が必要そうです。

(3) 二重規範への適応

　不当な要求を受けている社会的集団の一部は、その要求（性格や態度といった仕事の成果以外への要求）に適応すること、つまり二重規範に適応することで組織から高い評価を得ようとします。これは良いことなのでしょうか？

個人レベルで見ればキャリアを維持できるので合理的ですが、組織レベルで見たら、好ましくない不当な要求が固定化されることになります。不当な要求に立ち向かう社員よりも、それを許容する人材を採用しやすい「採用判定モデル」などが運用された暁には、組織から社会的バイアスを軽減することは難しいでしょう。

　以上、データ分析にせよ機械学習にせよ、一歩気を抜くとバイアスを再生産する可能性があることを忘れないでください。

3.5のまとめ

- ・社会的バイアスと無縁でいられる人は存在しない。
- ・機械学習は社会的バイアスを維持・強化するので、安易に活用しない。
- ・社会的バイアスを含んだデータに対しては、基本的な分析の実施が重要。

第4章

記憶由来のバイアスの罠

風呂場で死ぬより
コロナで死ぬことを恐れる理由

　「認知の働き」に続いて、ここでは「記憶の働き」について掘り下げ、これに起因する認知バイアスについて解説していきます。

　記憶は固定されたものではなく、私たちがそれを思い出そうとする度に再構成されること、またその再構成は自分の置かれた状況に影響されることを紹介します。こうした仕組みを理解することで、記憶の働きに由来する様々な認知バイアスについても理解を深めやすくなるでしょう。

4.1 記憶の仕組みと特徴

 ## 記憶の働き

　認知の働きを記憶・認識・判断に分解したように、記憶についてもその働きを一種の情報処理過程に見立てて理解したいと思います。

　記憶は、**符号化・保持・想起**という以下3つの働きに分解することができます。

①**符号化**（覚えやすくすること）：外部情報の意味を覚えやすい形に加工する働き
②**保持**（覚えておくこと）：符号化された情報を貯蔵しておく働き
③**想起**（思い出すこと）：保持された情報を引き出す働き

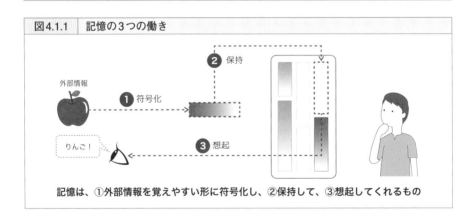

図4.1.1　記憶の3つの働き

記憶は、①外部情報を覚えやすい形に符号化し、②保持して、③想起してくれるもの

　例えば、英単語を覚える際、単語を繰り返し復唱して意味を覚えたと思います。この時、単語に関する意味情報は記憶として保持しやすい形式に加工されているのですが、この記憶のための加工処理のことを**符号化（encoding）**と言います。

　符号化に成功すると、その単語の意味を長期に渡って**保持（storage）**することができるようになります。私たちが日常的にイメージする記憶は、この「長く保持されたもの」を指していると思いますが、これは記憶の働きの一部です。

　保持された情報は、認識や推論・判断といったその他の認知の働きから参照され活用されます。私たちがリンゴを見て「これはリンゴ」と認識できるのは、符号化され保持された情報があるためで、この情報を呼び出すことを**想起 (retrieval)** と呼びます[1]。

 ## 記憶と学習

　学習を繰り返すことで、記憶は符号化され定着し、想起も円滑になります。この符号化された情報を手に取って確認することはできませんが、感覚的に確かめることは可能です。

　図4.1.2をご覧ください。そして、左側にある3つの単語の組み合わせを読み上げてみてください。その際に、少しでもストレス（読みにくさ）を感じてもらえたら、この小さな実験は成功です。

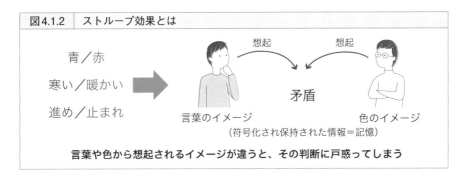

図4.1.2　ストループ効果とは

青／赤
寒い／暖かい
進め／止まれ

想起　　　想起

矛盾

言葉のイメージ　　　　　色のイメージ
（符号化され保持された情報＝記憶）

言葉や色から想起されるイメージが違うと、その判断に戸惑ってしまう

　言葉と色のイメージが矛盾しているため、私たちはこの情報の処理に余計に時間を要するはずです。このことを、**ストループ効果**と呼びます。

　言葉が持つイメージは、私たちが日々の生活や学校教育等を通して学び獲得してきたものです。例えば、小学校1年生向けの宿題の中に「大きな存在」の象徴として「象さん」が描かれ、その近くに描かれた「アリさん」から「小さい」を「連想させる」ような課題がありますが、こういった学習を経て、単語の意味や概念を記憶として定着させていくのです[2]。

---

1)　符号化され長期に渡って保持できるようになった情報は、特に「長期記憶」と呼ばれます。一方、認識や推論・判断時に呼び出され一時的に使われる情報は「短期記憶」と呼ばれます。

2)　単語の意味や概念に関する一般的な知識についての記憶は、特に「意味記憶」と呼ばれます。

この「連想」という言葉は、前章で取り上げた機械学習の分野でも重要な言葉の1つになっています。人間の頭の中は覗けないので、代わりに機械の世界を使って解説していきましょう。

　図4.1.3をご覧ください。この図は、言葉の学習を終えた学習済みモデルから「青」や「赤」の言葉や記号がどう符号化されているかを取得し、それを二次元上に配置したものです。人が連想しやすい概念は、機械も近い場所に配置（符号化）しているということを表しています。そして、近くにある概念同士ほど連想も想起もしやすいということです。

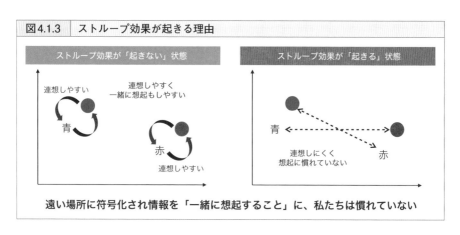

図4.1.3　ストループ効果が起きる理由

ストループ効果が「起きない」状態

連想しやすい
連想しやすく
一緒に想起もしやすい
青
赤
連想しやすい

ストループ効果が「起きる」状態

青
赤
連想しにくく
想起に慣れていない

遠い場所に符号化され情報を「一緒に想起すること」に、私たちは慣れていない

　ストループ効果で起きていることは、概念として遠くにあるものを強引に一緒に引っ張り出そうとすることからくるストレスだと理解することができます。
　私たちの頭の中の符号化については、機械のように単純に理解することはできませんが、少なくとも記憶（符号化された情報）は私たちの学習の成果物であり、私たちはこの成果物を使って認識や推論・判断といったその他認知の働きを行っているのです。

記憶の忘却

　学習によって身につけた記憶も、それが永遠に保持される訳でないということは、学生時代のテスト等を通じて痛感していると思います。ドイツの心理学者へ

ルマン・エビングハウスは自らを実験台として、記憶が失われる様子を記録し、その結果を1885年に発表しました。

　彼の記録によると、全く新しく覚えた知識は「最初の60分で約55％が忘れられ、1ヶ月後には約80％が忘れられてしまう」ことが確認されました。今では、この記憶と時間の関係性は、**エビングハウスの忘却曲線**として知られています。

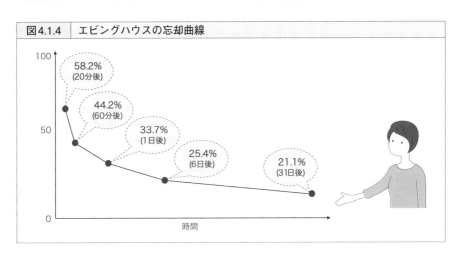

図4.1.4　エビングハウスの忘却曲線

　この忘却が改善されたらと多くの人は想像するでしょうが、実際に記憶が全く忘却されない人たちが存在します。2000年、ジル・プライスという若い女性が、カリフォルニア大学アーバイン校の学習と記憶研究を専門とするジェームズ・マクゴー教授に電子メールを送ったことで、完璧な記憶が科学者に注目されることになります。

　彼女がマクゴー教授に伝えた内容は「12歳からの人生を毎日思い出せる」というもので、それについて助けを求める内容でした。今ではこのような記憶の持ち主が世界で50人ほど認められ、**HSAM（Highly superior autobiographical memory：著しく優れた自伝的記憶の持ち主）**と呼ばれています[3]。

---

3)　自分の経験に関する記憶のことを**自伝的記憶**と言います。この記憶は個人の経験や社会の出来事に関する記憶「エピソード記憶」に分類され、単語の意味などの一般的知識に関する意味記憶とは分けて扱われています。

記憶忘却の意義

　記憶を忘却する立場からすると一見羨ましいHSAMですが、HSAMの1人でもある芸術家のニーマ・ヴェイセーは、記憶の忘却は「贅沢なこと」だと述べています。忘れたい記憶を忘れることができないからです。他のHSAMの人も、「恥ずかしい瞬間を忘れられない」「傷口が開いたままの感じがする」など、心の安定に苦心する様子を語っています。

　このHSAMに対して、2022年1月、イタリア・ペルージャ大学の研究者たちは、脳部位の活性化状況から「自分にとってどの情報が重要かを判断する**顕著性検出 (saliency detection) の機能**」が損なわれた結果であることを示唆しました[4]。HSAMは完璧なのではなく、むしろ「重要でない情報を忘却する『通常機能』の不全である」という指摘です。

　また東京大学の研究グループは2012年、「運動の学習」に関する記憶[5]の忘却について、ある研究結果を発表しました。その内容は「記憶を徐々に忘れることで、身体の『より良い動かし方』の学習が深められている」というものです。HSAMの人々の悩みや学習効果という点から、記憶の忘却にも以下のような意義があると考えられます。

　・忘却は、重要ではない情報を取捨選択（フィルタリング）した結果である
　・忘却は、学習効果を高めるための1つの情報処理過程の可能性がある

　データ分析に話題を限定すれば、データは機械に記録さえすれば、その記録＝記憶が忘却されることは（故障しない限り）ありません。なので、分析者としては「記憶の忘却の意義」に注目する方が興味が湧くのではないかと思います。

---

4)　Neuroscience誌に掲載された2022年1月の論文で、8人のHSAMと21人の対照被験者を使った実験から、顕著性検出に関与する脳領域と海馬との間の反応に乱れが観察されました。

5)　自転車に乗るなど、運動の制御に関して学習された記憶は特に「手続き記憶」と呼ばれます。

虚偽の記憶

　忘却に加え、私たちは「記憶違い」を犯します。日常生活では、これが原因で言った・言わないの喧嘩をすることもあるでしょう。

　記憶違いは、専門的には**虚偽の記憶（false memory）**と呼ばれます。ここでは、この虚偽の記憶について理解するため2つの研究結果を紹介します。

(1) フラッシュバルブ記憶（flashbulb memory）

　衝撃的な出来事に関する記憶は**フラッシュバルブ記憶**と呼ばれ、記憶の中では特に保持されやすいと言われています。しかし、米国ニュー・スクール大学の心理学者ウィリアム・ハースト博士らの研究では、2001年9月11日のニューヨーク同時多発テロに関する人々の記憶でさえも、1年後には、その37%が変化していることが確認されました。

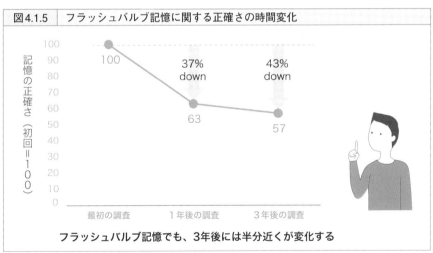

図4.1.5　フラッシュバルブ記憶に関する正確さの時間変化

フラッシュバルブ記憶でも、3年後には半分近くが変化する

出所：論文「Long-term memory for the terrorist attack of September 11: Flashbulb memories, event memories, and the factors that influence their retention 」(Williams Hirst, Elizabeth A. Phelps, et al.)を参考に著者がアレンジ

　私たちの記憶は想像以上に脆く変化しやすいようです。なぜ、このような「記憶の変化」は起きるのでしょうか？

(2) ショッピングモールの迷子実験

　カリフォルニア大学アーバイン校の認知心理学者エリザベス・ロフタス教授は、記憶は「保持されたものを取り出しつなぎ合わせているのではなく、実際は想起される度に再構成される」と述べています。その中で最も極端なものが「存在しなかった出来事の記憶が他の記憶から再構成される」ケースでしょう。このケースを実証したのが、1990年代初頭に行われたロフタス教授による**ショッピングモールの迷子実験**です。

　ロフタス教授の実験では、存在しない「5〜6歳の頃の迷子の物語」を、8歳から42歳という様々な年齢の被験者に移植する（なかった記憶をあったように思い込ませる）実験が行われました。すると被験者たちは、本当はなかった迷子の記憶を思い出し、細部について語り始めたのです。自分に心配をして声をかけてくれた人は青いシャツを着ていたとか、少し頭頂部が禿げていたなどの詳細な記憶を語り始めました。

　これはデタラメな記憶ではなく、過去の異なる記憶の要素から再構成された記憶であると理解されています。

　このように記憶は、現状の自分が置かれた状況（例：迷子はあったはずだと周囲から信じ込まされた状況など）に合わせ、想起される度に再構成され書き換えられるという性質を持っています。フラッシュバルブ記憶も、この記憶の特性のため時間と共に変化していると考えられるのです。

利用可能性ヒューリスティック

　ここからは、記憶の働きそのものから「記憶が思考に与える影響」に視点を移して解説します。まずは、1章でも紹介した**利用可能性ヒューリスティック**について振り返ってみましょう。

　普段よく見るもの、最近見たもの、印象的な出来事ほど想起しやすいというのは、とても自然なことで理解しやすいと思います。しかし、私たちが持っている**利用可能性ヒューリスティック**はロジックが反転しており、「想起しやすいものほど、よく起きるだろう」と推論を進めるものです。この推論はよく言えば効率的、悪く言えば「論理的には誤った簡便な思考」に過ぎません。

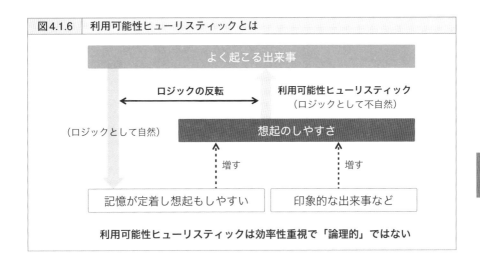

図4.1.6　利用可能性ヒューリスティックとは

よく起こる出来事

ロジックの反転

利用可能性ヒューリスティック
（ロジックとして不自然）

（ロジックとして自然）

想起のしやすさ

増す　　　　　　　　　　　増す

記憶が定着し想起もしやすい　　　印象的な出来事など

利用可能性ヒューリスティックは効率性重視で「論理的」ではない

　この簡便的思考の弊害について、具体的に説明します。

　現代では「よく起こる出来事＝よくメディアで取り上げられる出来事」です。ここ数年はコロナ禍が注目され、自主的な行動自粛も多く見られました。

　ところでその間、皆さんは風呂場で死ぬことを心配したことがあるでしょうか？

　2022年の厚生労働省の資料によれば、入浴中の推定急死者数は18,775名です。一方のコロナ死亡者数は、2022年は38,881人ですが、2021年は14,926人です[6]。

　規模感を考えれば、私たちはもっと風呂場で死ぬことを心配しても良いはずですが、そのような問題意識を持つ気配はありません。1章で紹介した飛行機事故のリスク感覚の歪みについても思い出して欲しいのですが、どうやら「多い・少ない」とか「危ない・危なくない」といった判断を記憶に頼って行うのは、正確さに欠けると言わざるを得ないでしょう。

　以上のような記憶の働きやその特性、そして生まれながらに私たちが持っているヒューリスティックの働きを知った上で、次節では、記憶の働きに由来する認知バイアスについて個別に学んでいきたいと思います。

6)　コロナ死亡者数は、厚生労働省の「データからわかる－新型コロナウイルス感染症情報－」のサイトからオープンデータをダウンロードし（2023年5月23日）、筆者が集計したものです。データ期間は、2020年5月9日から2023年5月9日の約3年間です。

125

4.1のまとめ

・記憶の働きは、符号化・保持・想起の3つの働きに分解できる。

・学習によって、外部情報は記憶しやすい形に加工され保持される。

・記憶は固定的な形で保持されるものではなく、想起される度に再構成される。

・記憶の忘却には、情報の取捨選択や学習効率の向上といったプラスの側面もある。

4.2 記憶の働きに由来する認知バイアス

 錯誤相関

　最初に取り上げるバイアスは、**錯誤相関（illusory correlation）**です。これは心理学領域で使われる用語で、2章で紹介した**疑似相関**と内容は一緒です。つまり、錯誤相関とは「実際には無関係な事柄間に、関連性があると思い込んでしまう認知的傾向」のことです。

　この錯誤相関の原因を記憶の働きに注目して考えると、利用可能性ヒューリスティックと確証バイアスの2つの働きが影響しているとわかります。

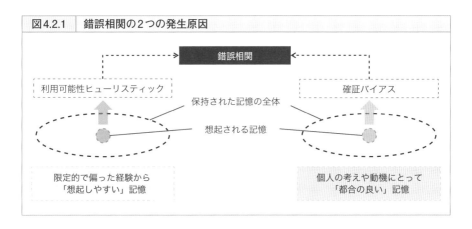

図4.2.1　錯誤相関の2つの発生原因

錯誤相関

利用可能性ヒューリスティック　　　　　　　　　　　確証バイアス

保持された記憶の全体

想起される記憶

限定的で偏った経験から「想起しやすい」記憶　　　　個人の考えや動機にとって「都合の良い」記憶

　例えば、あなたの同僚がお酒好きだとします。そんな同僚が体調を崩したら「飲み過ぎかな」などと連想するでしょう。一方、この同僚が仕事熱心なら「無理したのかな」と連想するかもしれません。このように錯誤相関が生まれる1つの原因は、想起のしやすさを使った思考のショートカット、すなわち**利用可能性ヒューリスティック**によるものです。

　一方の**確証バイアス**は、自分の考えと整合する情報を重視するバイアスでした。このバイアスが働くと、自分の考えに整合する記憶が想起されやすくなります。

あるいは、この同僚に不満を持った人であれば、体調不良の原因を「仕事逃れ」などと決め付け、それを立証したいがために、その解釈に都合の良い出来事ばかりを思い出そうとするでしょう[7]。

　錯誤相関は、①思考をショートカットする効率化モードで生じるケースと、②自分が正しいと立証するための論争的なモードの、異なる2つの経路で生じることを理解しておいてください。

 ## 真実性の錯覚

　真実性の錯覚（illusory truth effect）とは、「同じ情報に繰り返し触れるうちに、それが真実のように感じられる認知的傾向」のことです。このバイアスの厄介な点は、情報源が信頼できなくても、また情報が誤りだと事前に知っていたとしても起きる点です。そして、元々自分が知っている情報だと非常に顕著に表れるのも、その特徴だと言われています。

　例えば、星占いの類に根拠などないと知っていても、何度も目にすることで全くの嘘ではないのかなと感じるようになっていくのはこのためです。また、厳格な科学的プロセスの評価を経た病気の標準治療よりも、代替治療を効果的だと信じてしまう人たちが存在するのも、繰り返し同じような情報に触れる中で、このバイアスの影響を受けているためと考えられます。

　このバイアスの背景にあるもの、つまり真実らしさを測る根拠になっているものは「どれだけ脳が楽に情報を処理できるか」という**認知の容易性**です。何度も見聞きする情報や、自分が既に知っている情報は脳が処理しやすいものの典型で、これらを真実らしく感じてしまうのです（図4.2.2）。

　米国ジョージア大学の大気科学者ミャーシャル・シェパード教授は、量産される非科学的な言説のことを「ゾンビ理論」と呼んでいます。科学の専門家が幾度となく非科学的な言説に反論しても、それら言説が個人ブログや社説等で何度で

7）　確証バイアスは、科学的な正確さよりも、自分の考えを立証したいと動機付けられた状態の時ほど強く作用することが知られています。この点は6章で改めて解説します。

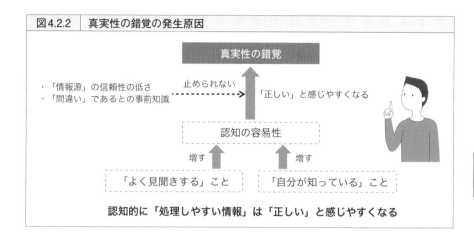

図4.2.2　真実性の錯覚の発生原因

真実性の錯覚

・「情報源」の信頼性の低さ　　止められない
・「間違い」であるとの事前知識　------→　「正しい」と感じやすくなる

認知の容易性

増す　　　　　　　　　増す

「よく見聞きする」こと　　　「自分が知っている」こと

認知的に「処理しやすい情報」は「正しい」と感じやすくなる

も蘇ってくるからです。自分の考えに合致した情報は処理しやすいので、「自分がわかるものは正しいこと、自分がわからないものは正しくないこと」といった錯覚に陥らないように注意する必要があります。

フレーミング効果

　例えば、洗剤の殺菌力表示で「99%除菌」と謳った表現は見ても、「菌の1%は生き残る」といった表現を見ることはありません。消費者としてもこのように表現されると、ちょっと買いにくくなってしまうでしょう。このように「情報の伝わり方」で判断が変化してしまうことを、**フレーミング効果**と呼びます。

　この効果の背景を記憶の働きの観点から探ると、一度保持された記憶を原因とする場合と、一時的な記憶を原因とする場合に分けて考えることができます。

　以下、順に解説します。まずは図4.2.3をご覧ください。

(1) 保持された記憶が原因の場合

　再認ヒューリスティックは、物事の判断を「既に記憶にあるかないか」で代替する思考のショートカットです。例えば、聞いたことのある都市名の人口は、聞いたことのない都市名の人口よりも多いだろうと判断したり、選挙の投票時に一度でも聞いたことのある候補者の方が好ましいと判断するのは、このヒューリスティックによって説明されます。

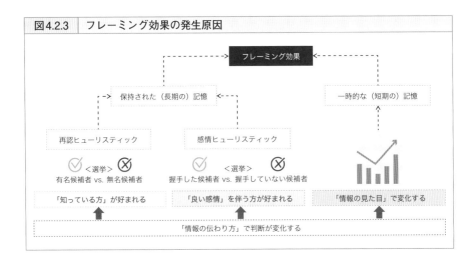

図4.2.3　フレーミング効果の発生原因

フレーミング効果

保持された（長期の）記憶　　一時的な（短期の）記憶

再認ヒューリスティック　　感情ヒューリスティック

✓ ＜選挙＞ ✗　　✓ ＜選挙＞ ✗
有名候補者 vs. 無名候補者　　握手した候補者 vs. 握手していない候補者

「知っている方」が好まれる　　「良い感情」を伴う方が好まれる　　「情報の見た目」で変化する

「情報の伝わり方」で判断が変化する

感情ヒューリスティックは、物事を論理的に考える代わりに感情でショートカットします。この作用のため、私たちは、良い（悪い）感情を抱いた対象については、その良い面（悪い面）を過大評価するようになります。例えば、選挙の候補者が握手を求めるのは、良い感情とセットで自分を記憶させ、良い面に目を向けさせるためです。

感情ヒューリスティックのその他事例

　例えば、お風呂のようにその効用が文化的に認められていると、入浴中の推定死者数が交通事故による死者数の7倍近い水準であっても問題視されにくくなります。
　この逆のパターンが原子力発電です。強い負の感情が伴うと、電力供給や電気料金の安定といった再稼働の良い面を指摘することさえも憚られる雰囲気になることがあります。

（2）一時的な記憶が原因の場合

　グラフの見た目は、視覚に関する短期的な記憶（視覚性短期記憶）として処理されますが、この一時的な記憶による印象が、その後の判断に影響を与えます。

　図4.2.4をご覧ください。これはオーストリアの2007年から2016年の10年間の犯罪件数の推移を表しています。そこから直近3年間を切り取ってグラフを縦長にし、さらにグラフの縦軸の下限数値を操作しています。そこに「Vの字」を加えれば、2016年に犯罪件数が増加に転じたような印象に変化しますよね。

　分析者はこのような操作を嫌いますが、誰もが知るような上場企業の決算報告資料でも未だに悪用されています。

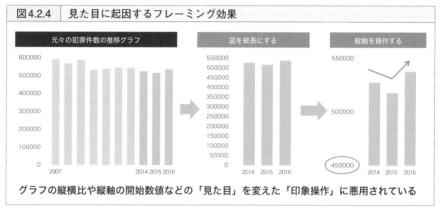

図4.2.4　見た目に起因するフレーミング効果

グラフの縦横比や縦軸の開始数値などの「見た目」を変えた「印象操作」に悪用されている

出所：「https://aedeegee.github.io/bookchapter18.pdf」を参考に著者がアレンジ

後知恵バイアス

　後知恵バイアス（hindsight bias）とは「ある事柄の結果を知ってから振り返えると、最初からその結果を予想できたように感じる認知的傾向」で、QRP（疑わしい研究慣行）を支える認知バイアスの1つでした（P80の図2.4.2の解説を参照）。このバイアスの原因は、記憶が想起される度に、自身に都合良く再構成される記憶の特性そのものです。

　具体的に見てみましょう。紹介する事例は、2022年12月に公開されたウォール・ストリート・ジャーナルによる後知恵バイアスに関する調査結果です。この調査は公開1年前の2021年12月に、1年後のS&P500種指数[8]のトータルリターンを回答させた上で、1年後の2022年12月に当時の回答を思い出させるという方法で行われました。

---

8)　米国株式市場の動向を示す株価指数です。S&Pダウ・ジョーンズ・インデックスにより計算され公表されています。

2022年は、ロシアによるウクライナ侵略や米国金利高騰など、株式には厳しい1年でした。この調査の回答者も、その厳しいマーケットを見続けてきた人たちです。そんな中、1年前の自分の予想を思い出させると、1年前時点で自分たちは厳しい結果になることを予測していたと回答する人が多かったのです。

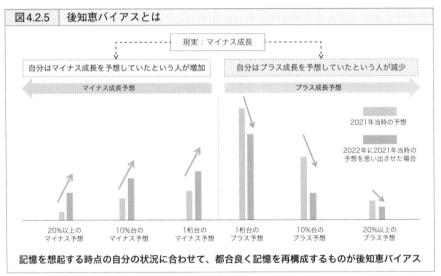

図4.2.5　後知恵バイアスとは

記憶を想起する時点の自分の状況に合わせて、都合良く記憶を再構成するものが後知恵バイアス

出所：「https://jp.wsj.com/articles/https-www-wsj-com-articles-hindsight-bias-investing-11671206329-11671517280」を参考に著者がアレンジ

　投資者心理の研究では、投資家は自身の運用能力や成績について、過度に楽観的になることが知られています。想定外の損失を「想定内の損失」だと記憶し直してしまえば、自分の運用能力について自信を失わずに済むでしょう。

　私たちは、外部世界をコントロールできるという幻想で自分の心を守らないと不安定になるため、実はこの種の心の働きにも意味はあります[9]。つまり、後知恵バイアスは「自分が安定的に世界と関わるために、自分の現状を正当化するように都合良く記憶を再構成するために作用するもの」だと言えるのです。

---

9)　外部世界をコントロールする力があると思い込む傾向は、**「コントロールの錯覚」**と呼ばれる認知バイアスです。このバイアスについては5章で取り上げます。

⊕ 選択支持バイアス

　分析者が扱うことも多い調査に関連したバイアスである、**選択支持バイアス**について解説します。このバイアスは「自分の過去の選択は正しかったと思い込む認知的傾向」のことです。

　米国の社会心理学者ティモシー・ウィルソンと、同じく米国の社会心理学者リチャード・ニスベットは、1978年に「ストッキングの選択実験」の結果を発表しました。実験で使われたストッキングは4種類だったのですが、実はどれも同じ種類のものでした。ですが、それを知らされていない被験者は、自身が最も質の高いストッキングとして選択した理由を、伸縮性などもっともらしい理由を挙げて回答したのです。

　このバイアスが発生するのは、「自分の過去の選択を正当化するため、もっともらしい理由を想起するため」と考えられています。つまり、人への調査で得られるデータは、回答者自身が「本当の理由」と信じていても、本当は脳がでっち上げた虚偽の理由かもしれないのです。

　記憶に関する個別バイアスの紹介は以上です。
　最後に、本節で紹介したバイアスと、その主要な発生要因を図4.2.6にまとめます。

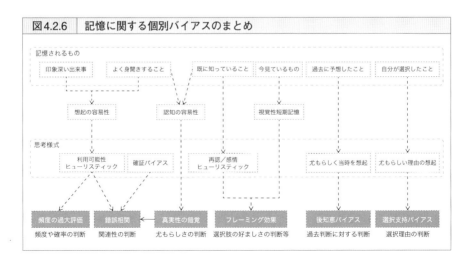

図4.2.6　記憶に関する個別バイアスのまとめ

4.2のまとめ

- ・記憶の想起では、現状や過去の行為を正当化するように記憶が再構成されることがある。
- ・心を安定させることや脳の負担を減らすことが、バイアス発生の原因となっている。
- ・調査回答は、回答者が本当だと信じていても、それは虚偽の記憶かもしれない。

4.3 情報空間で露わになる 記憶由来のバイアスの脆弱性

フィルターバブル

　自社情報をユーザーに届けたい企業が、自社に興味のありそうなユーザーに情報提供することは当然ですし、ユーザー側からも自身の興味関心に沿った情報を受け取ることへの抵抗はあまり示されてきませんでした。そのため企業は、機械学習などのアルゴリズムを使って、ユーザーの好みの情報を積極的に「推奨する」ことを長く行ってきました。

　ところが近年、ソーシャルメディアを中心にこうした推奨行為が、本当にユーザーにとって良いことなのかという議論が活発化しています。なぜなら、推奨アルゴリズムの作用の結果、ユーザーが多様な情報から切り離されてしまうからです。このような「自身の興味関心に偏った情報空間」のことを、**フィルターバブル**と呼びます。

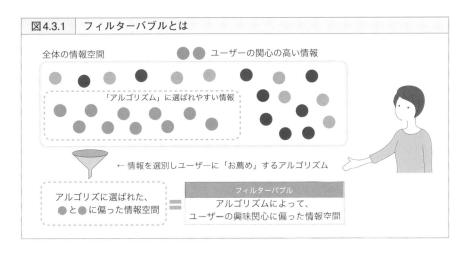

図4.3.1　フィルターバブルとは

　フィルターバブルの中は情報が偏るため、例えば利用可能性ヒューリスティクの影響で物事へのリスク認識も偏ることになります。また自身の考えに整合した情報にアクセスしやすいため、錯誤相関のような間違った認識を強化し、多様

な考え方に対して非寛容になる危険性があります。フィルターバブルは居心地の良い環境ですが、物事を広く俯瞰して考えるべき時には、このバブルを意識的に取り払う必要があるのです[10]。

エコーチェンバー

　私たちを居心地の良い空間に閉じ込めるものは、アルゴリズムだけではありません。現在は特定のメディアに頼らなくても、誰から情報を得るのかを、自分の意志でかなり自由に選択できるようになりました。その結果、自分と考え方の似た人に囲まれた環境を自ら作り出しやすくなっています。

　このような環境にいると、自分が何かを言えばその意見がただ反響されて戻って来るような状況になり、これがまるで音響室のような環境のため、**エコーチェンバー**と呼ばれます。フィルターバブル同様、このような空間にいると反響した自分の考えに繰り返し接触することで**真実性の錯覚**に陥り、自分の考えに自信を抱きやすくなる危険性があります。

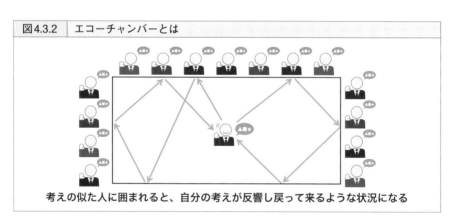
図4.3.2　エコーチャンバーとは

考えの似た人に囲まれると、自分の考えが反響し戻って来るような状況になる

虚偽情報の拡散

　フィルターバブルやエコーチェンバーは、アルゴリズムや周辺環境から「個人」

---

10) 例えば、ツイッター社は2023年1月24日、タイムラインを「おすすめ順」から表示する仕様を、ユーザーが「フォロー中の人の投稿順」と設定したらそれを維持するように改めました。これは、一部利用者が「おすすめ順」をデフォルト表示とすることに反発したためです。

が受ける影響ですが、現代の情報空間の特徴は、人と人とが情報を直接やり取りできる環境、つまり情報が「集団的」に連鎖し拡散しやすい点にあります。

この情報連鎖の視点から、私たちのバイアスの脆弱性について考えてみます。

2018年、マサチューセッツ工科大学の情報科学者ソローシュ・ヴォスーギらによって、ソーシャルネットワークのツイッターデータを解析した論文が公開されました。この論文が明らかにしたものは「虚偽の情報は、真実よりも圧倒的に拡散されやすい」ということで、その拡散力の差は以下のように推計されました。

> ・虚偽は真実に比べて、リツイートされる確率が70%高い
> ・真実が1500人に到達するのには、虚偽の約6倍の時間を要する
> ・虚偽は真実の20倍の速さで、リツイートの連鎖（深さ）が10に到達する

先にも触れた通り、同じ情報に何度も触れると、**真実性の錯覚**によってそれが真実のように感じられるようになります。このバイアスは情報源の信頼性が低くても、またそれが嘘だと知っていても起きる強力なものでした。また利用可能性ヒューリスティックの影響で、溢れた虚偽情報に注意が向き、小さな問題も大きな問題のように誤認されるようになっていきます。

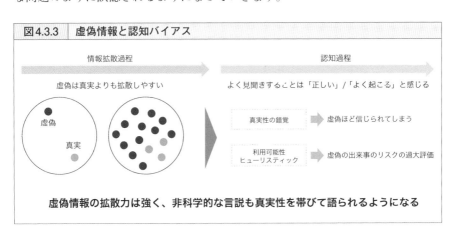

図4.3.3 虚偽情報と認知バイアス

情報拡散過程　　　　　　　　　　　　認知過程

虚偽は真実よりも拡散しやすい　　　　よく見聞きすることは「正しい」/「よく起こる」と感じる

虚偽　真実

真実性の錯覚　➡　虚偽ほど信じられてしまう

利用可能性ヒューリスティック　➡　虚偽の出来事のリスクの過大評価

虚偽情報の拡散力は強く、非科学的な言説も真実性を帯びて語られるようになる

虚偽情報を拡散させる原因は何か

　人はもちろん「虚偽だから情報を拡散している」というわけではありません。先のマサチューセッツ工科大学の論文では、虚偽情報の拡散力の要因として**新奇性（novelty）**が挙げられています。新奇性とは「常識に反する新しい情報」という意味です。誰もが知っている当たり前の内容では、人々の興味を引くことは難しいのです。これはつまり、科学者の語る真実は、私たちには退屈過ぎるという指摘でもあります。

 ## リスクの社会的増幅

　情報が連鎖し拡散されるのには、「情報の真偽」以外にも原因があります。

　英国ウォーリック大学のロバート・ヤギエロと認知心理学者トーマス・ヒルズ教授は、情報の真偽ではなく「情報の怖さ」に着目して、その連鎖の様子を調べました。具体的には2つのトピック、原子力発電（高恐怖トピック）と食品添加物（低恐怖トピック）を用意し、最初の1人目に情報を渡した後、伝言ゲームのように被験者に情報を連鎖してもらったのです。

　もちろん初期時点では、バランスの取れた状態＝各トピックの良い面と悪い面の情報は偏りなく与えられましたが、最終的には、否定的意見の総量が増えることが確認されました。またこの傾向は、高恐怖トピックであるほど大きいことも確認されました。

　これは、**リスクの社会的増幅**と呼ばれる現象です（図4.3.4）。

　実験を行ったヒルズ教授らは、これを抑制するため「情報連鎖の途中で、偏りのない初期情報を被験者に再提示」してみましたが、この増幅を抑制することはできませんでした。一度恐怖を想起させる情報が優勢となった状態に対し、バランスの取れた情報を投入しても、もはや是正効果を期待するのが難しいということです。

　これは、私たちの思考が論理よりも感情に従って結論を出す**感情ヒューリスティック**に影響されているためであり、分析者にとって非常に悩ましい点です。

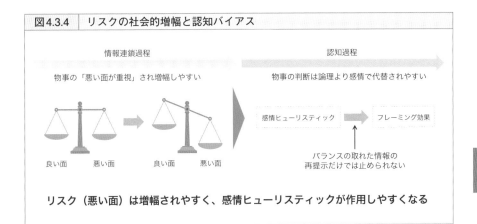

図4.3.4　リスクの社会的増幅と認知バイアス

情報連鎖過程　　　　　　　　　　　認知過程

物事の「悪い面が重視」され増幅しやすい　　　物事の判断は論理より感情で代替されやすい

感情ヒューリスティック　→　フレーミング効果

バランスの取れた情報の
再提示だけでは止められない

良い面　　悪い面　　　良い面　　悪い面

リスク（悪い面）は増幅されやすく、感情ヒューリスティックが作用しやすくなる

いくら分析レポート＝事実を組織に提供しても、感情部分で既に出されている結論の是正には繋がらないことが示唆される結果だからです。

情報カスケード

ここまでは「連鎖しやすい情報の特徴」を学んできたので、ここでは「情報連鎖のメカニズム」自体に目を向け解説します。

情報カスケードとは、周囲の行動を見て何かを判断する際に、私たちがどうやって情報を他者から受け取っているかを説明してくれるものです。そもそも「情報がカスケード[11]される」とは一体どういうことかを見てみましょう。

あなたは初めて訪れる町で、ネットで評判の「中華屋A」に向かっています。お目当てのお店が近づいて来ると行列が見えます。しかし、よく見るとその行列は、お目当てのお店ではなくその隣の「中華屋B」のものでした。こんなとき、あなたならどちらのお店に行くでしょうか？

ちょっと悩むなと感じたら、あなたの中で情報がカスケードされている証拠です。

図4.3.5をご覧ください。

---

11) カスケードとは「小さな滝の連なり」のことで、そこから派生して「同じものが連結された構造、または連鎖的に物事が進む様子」を意味する言葉です。

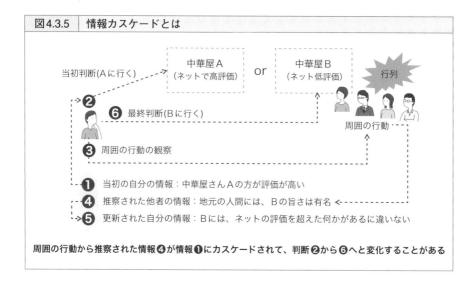

図4.3.5　情報カスケードとは

当初判断(Aに行く)

中華屋A（ネットで高評価）　or　中華屋B（ネット低評価）　行列

❷　❻ 最終判断(Bに行く)

周囲の行動

❸　周囲の行動の観察

❶　当初の自分の情報：中華屋さんAの方が評価が高い

❹　推察された他者の情報：地元の人間には、Bの旨さは有名

❺　更新された自分の情報：Bには、ネットの評価を超えた何かがあるに違いない

周囲の行動から推察された情報❹が情報❶にカスケードされて、判断❷から❻へと変化することがある

　あなたが最初に持っていた自分の情報❶は「中華屋Aのネットの評判」で、この時点の判断❷は「中華屋Aに行くこと」です。ところが、あなたは❸別のお店の行列を目撃します。並んでいる人に「ここは旨いですか？」とは聞きませんが、あなたは「このお店は旨いだろう」と推論します。これが、あなたによって推察する他者情報❹です。この時点で「自分の情報に他者情報がカスケードされた」と表現されます。

　この後、当初の自分情報❶と他者情報❹を使って、❺自分情報を更新します。当初通りそのまま中華屋Aに行ってもいいですし、❻地元情報を優先し中華屋Bに行くと判断しても全くおかしくはありません。判断は自分の利益を最大にするように、すなわち合理的に推論して決めればいいだけです[12]。

　つまり、情報カスケードは「周囲から直接情報を与えられなくても、その行動の背後に隠された情報を勝手に推測し判断に活用する」というものなのです。そしてこの働きの危険性は、皆が自分の利益を考えた結果、最終的には皆が同質な判断・行動を取る危険性があるということです。

12）集団心理と呼ばれるものと情報カスケードの違いは、この合理性にあります。不合理だと思いつつ周囲に流されるのではなく、自分の利益を考えた結果、その行動が周囲に迎合的に見えているだけという違いです。

フィルターバブルやエコーチェンバーのように、個人レベルでも自身に似た考えの人や情報に囲まれやすいのが、現代の情報空間の特徴でした。その上、お互いにお互いの行動から、その背後にある情報を推察し合えば、益々集団レベルの同質性が高まっていくでしょう。

同じ内容に繰り返し触れることで、多くの記憶由来の認知バイアスが作動しやすくなりました。これに対峙するには、「いつもと同じ思考環境」＝「最も避けるべき環境」であることを認識するようにしてください。

4.3のまとめ

- ・フィルターバブルやエコーチェンバーのように、同質な情報に触れる機会が多くなっている。
- ・同じような情報に繰り返し触れると、真実性の錯覚など様々な記憶由来の認知バイアスが作動する。
- ・集団内での情報は暗黙的にカスケードされるため、集団の同質化が進む恐れがある。
- ・いつもと同じ思考環境を避けることが、記憶由来の認知バイアスへの対処となる。

| 4.4 | 記憶由来のバイアスの軽減戦略 |

仮説の想起の二重化

　分析者にとって、**錯誤相関**（無関係な事柄間に対して関連性があると思い込む傾向）はとても厄介なため、まずはその軽減策の解説から始めます。

　錯誤相関に関する先の解説では、お酒好きの同僚が体調を崩す場面を想像してもらいました。こんな時、つい飲み過ぎかなと疑ってしまうのは、心の自然な働きのため止めようがありません。しかし、この働きに身を委ねてしまうと、自然に想起された原因の範疇に限られた「視野の狭い分析」になってしまいます。

　そこで提案したい対処法は、何か仮説を想起する際には、①私たちの心の自然な働きに加え、②データからも仮説を作る経路を準備しましょうというものです。

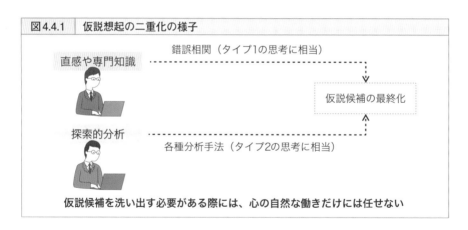

図4.4.1　仮説想起の二重化の様子

錯誤相関（タイプ1の思考に相当）

直感や専門知識

仮説候補の最終化

探索的分析

各種分析手法（タイプ2の思考に相当）

仮説候補を洗い出す必要がある際には、心の自然な働きだけには任せない

　これは1章で解説した**二重過程理論**を元にした提案です。私たちの思考には、直感的な思考（タイプ1）と分析的な思考（タイプ2）の2つがあって、認知バイアスの軽減の基本戦略は「タイプ1の思考をタイプ2の思考で、合理的にオーバーライド（上書き）すること」でした。

　分析者には、自身の直感や専門知識から仮説を想起する経路（タイプ1に相当）に加えて、データから仮説を分析的に抽出する経路（タイプ2に相当）を準備し、

仮説想起の経路を二重化して欲しいのです。ちなみに分析の世界では、データから仮説を発見するために行われる分析を、**探索的分析（exploratory analysis）**と呼んでいます[13]。

 ## 探索的分析の実践例

ここでは「お酒好きの同僚」の話を元にして、**アソシエーション分析**と呼ばれる探索的分析の手法を紹介します。これは異なる事柄間の**関連性（association）**を発見しようとするもので、ここでは「飲酒」が「体調不良」の原因になり得るか否かを調べます。

（1）分析に使うデータの構造

週毎に同僚の行動が記録できているとします。1年は52週なので、1から52番の週数が振られた箱があって、お酒を飲んだらその箱の中にお酒ボールが、体調を崩したら体調不良ボールが格納される。そんなデータをイメージしてください。

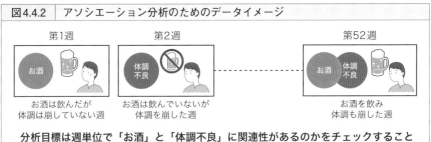

図4.4.2　アソシエーション分析のためのデータイメージ

第1週　お酒　お酒は飲んだが体調は崩していない週

第2週　体調不良　お酒は飲んでいないが体調を崩した週

第52週　お酒　体調不良　お酒を飲み体調も崩した週

分析目標は週単位で「お酒」と「体調不良」に関連性があるのかをチェックすること

（2）欲しい分析結果の想像

分析前に、自分にとって「都合の良い分析結果」を想像しておくことは大切です。「お酒が原因で体調を崩した」と主張できるのは、どんな場合でしょうか。それは「お酒を飲んだ場合に限って体調を崩した」と言える場合です。例えば、以下の結果③が得られたら、分析結果の解釈はとても楽になるでしょう。

---

13) データから仮説を探索・発見しようとするのではなく、既にある仮説をデータを使って検証するもの（統計的仮説検定など）は、検証的分析（confirmatory analysis）と呼ばれます。

> ・得たい結果①：「同僚の元々の体調の崩しやすさ」を示す数値
> ・得たい結果②：「お酒を飲んだ週に限定した場合の、体調の崩しやすさ」を示す数値
> ・得たい結果③：「結果②の値」が「結果①の値」よりも十分に大きい状態

(3) 計算式の検討

上記の結果を得るための計算式を検討します。得たい結果①は、同僚の元々の体調の崩しやすさなので「年間週数に占める、体調を崩した週数の割合」がわかれば良いでしょう。

一方、得たい結果②は、お酒を飲んだ場合にのみ興味があります。なので、お酒を飲んだ週数を分母とし、分子を「お酒を飲み、かつ体調も崩した週数」とすれば良さそうです。

最後に得たい結果③は、これら結果の大小関係がわかればいいので、同僚の元々の体調の崩しやすさ（得たい結果①）を分母に、得たい結果②を分子にして計算することとします。

> ・計算式①：「体調を崩した週数」÷「年間週数」
> ・計算式②：「お酒を飲み、かつ体調も崩した週数」÷「お酒を飲んだ週数」
> ・計算式③：「計算式②の実行結果」÷「計算式①の実行結果」

このような一連の計算式に基づく分析のことを**アソシエーション分析（association analysis）**と呼び、計算式③の結果のことを**リフト（lift）**と呼びます。

(4) 計算の実行

ここでは「同僚がよくお酒を飲む」ほど、その印象に引きずられることを体感して欲しいので、この同僚は「毎週お酒を飲んでいる」としましょう。また体調不良には特に規則性なく、毎月ランダムに1回起きるものとします。よく飲み、いつ休むかわからない同僚ということです。

すると、(3) の計算結果は次のようになります。ポイントは、この同僚は毎週

お酒を飲んでいるので、体調不良の週にも必ずお酒を飲んでいる、つまり「お酒を飲み、かつ体調を崩した週数（12週）」と、単に「体調を崩した週数（12週）」が一致しているという点です。

・年間週数：52週

・お酒を飲んだ週数：52週

・体調を崩した週数：12週

・お酒を飲み、かつ体調を崩した週数：12週

・結果①：体調不良になった週数÷年間週数＝12÷52＝約23％

・結果②：お酒を飲み、かつ体調を崩した週数÷お酒を飲んだ週数＝12÷52＝約23％

・結果③：結果②÷結果①＝23％÷23％＝1.0

　毎週酒を飲んで月1回は体調不良になるという印象と、データが示す結果③の関係が、当初私たちの期待とは異なるものとなりました。結果③が1.0より大きくなって「お酒＝体調不良の原因仮説」として残ればいいなと考えましたが、むしろ「お酒を理由にする根拠なし」という結果になったのです。

　ただ、当初期待してた結果とは違いましたが、バイアス軽減というここでの目的は完遂です。というのも、想起の容易性に頼れば「お酒が原因だ」とほぼ即断された判断が、データを使うことで一呼吸入れて再考しようと立ち止まることができたからです。

　この段階では、私たちの直感が狂っているのか分析設計が悪いのかはわかりませんが[14]、ここで伝えたいポイントは「立ち止まって再考すること自体に、バイアス軽減の意義がある」ということです。

---

14) 今回の分析では「お酒の量」に注目しませんでした。また、他の従業員の飲酒と体調不良のデータも使っていません。こういった点を考慮していけば、「直感が正しい」に落ち着くことが多いと思います。

分割表を使って今回のアソシエーション分析を解釈する

2章で紹介した**分割表（contingency table）**を使って、今回のアソシエーション分析で起こったことを整理します。分割表の縦方向には原因有無（飲酒の有無）、横方向には結果有無（体調不良の有無）が並びます。そこに今回数値例を入れると、図のようになります。

図4.4.3	今回アソシエーション分析の分割表による表現

	体調不良あり	体調不良なし	
お酒（飲酒）あり	12（=a）	40（=b）	原因と結果に関連性があるとは、$\Delta p = a/(a+b) - c/(c+d)$ がプラスの状態のこと
お酒（飲酒）なし	0（=c）	0（=d）	

原因と結果に関連性があるか否かの判断の基本は、**Δp 統計量**、つまり原因の有無（飲酒の有無）別に、結果あり（体調不良あり）の割合の差を取ることでした。

今回は、分析対象の同僚が毎週お酒を飲んでいたために、この判断に不可欠な「お酒を飲まない場合の情報」が得られていません。その結果、アソシエーション分析のリフトは1.0、つまり原因候補の「原因らしさ」は、必要情報がないために1.0から大きくなることも小さくなることもなかったのです。

 認知バイアスの知識を「データ収集力」に変換する

バイアスへの対策を個別に検討するのは大変です。そこで、ここからはデータの収集力・解釈力・伝達力の3つの視点に集約して解説します。

まずはデータ収集力です。解説の前提となる点は、以下のような情報収集環境に私たちが身を置いていることです。

・**フィルターバブル**：アルゴリズムが、自身の関心のある情報を偏って提示する環境

- **エコーチェンバー**：自分と似た情報源に囲まれ、違った視点の情報を得にくい環境
- **リスクの社会的増幅**：物事のリスクが強調され、論理より感情で反応しやすい環境
- **情報カスケード**：自分の手元情報に確信が持てず、周囲の行動に流されやすい環境

日常生活では、上記のような環境に身を委ねてもいいと思います。ただ、今は合理性を要求される場面を考えてください。このようなとき、思考スイッチをどう切り替えればいいのでしょうか？

この切り替え時の重要ポイントを教えてくれるのが**「アレクサンダーの質問」**と呼ばれるもので、これは「自身の考えに『整合しないデータ』を積極的に探すように推奨した」情報収集時の考え方のことです。

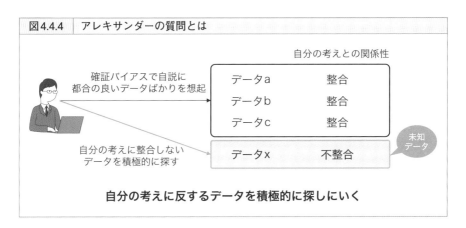

図4.4.4　アレクサンダーの質問とは

自分の考えとの関係性

確証バイアスで自説に都合の良いデータばかりを想起

データa	整合
データb	整合
データc	整合

自分の考えに整合しないデータを積極的に探す

| データx | 不整合 | 未知データ |

自分の考えに反するデータを積極的に探しにいく

この名前の由来は、1976年、米国で豚インフルエンザによるパンデミックへの不安が渦巻いていた時代にまで遡ります。当時ニュージャージー州で訓練中の兵士の間で、新型インフルエンザによるアウトブレイクが起き、1名の兵士が死亡します。当時はスペインかぜ[15]の記憶も新しく、この新型インフルエンザの抗原が、そのウィルスに近かったことが大きな不安の元凶となりました。

---

15) 1918年から1920年にかけて全世界で大流行したインフルエンザで、全世界で5億人が感染。日本だけでも45万人が死亡したと推計されました。

当時、米国のフォード大統領は2億人ワクチン計画を掲げ、最終的には4千万人以上にワクチンを接種させました。ところが、この副作用として500名以上の人がギラン・バレー症候群に罹り、約30名が死亡しました。結果論ですが、新型インフルエンザによる死者は最初の1名だけだったため、ワクチン接種の政策判断は後に厳しく検証されることになりました。

　この検証過程で注目されたのが、疫学者で公衆衛生官のラッセル・アレクサンダー博士でした[16]。当時、大規模ワクチン接種が粛々と進められましたが、彼は副反応データに着目し、感染がニュージャージー州を超えるまでは、大規模ワクチンの備蓄と様子見をするのが妥当であると繰り返し提言していたのです。

　国民とメディアがヒステリー状態にあった中、アレクサンダー博士は「大規模ワクチン接種に反対する理由があるとすれば、どんなデータが存在するだろう」と問い、積極的にそのようなデータを探し見つけていました。

　このように、データ収集で大切なことは「自分のお気に入りの考え」や「仮説」と整合しない情報を探そうとすることだと言えます。

認知バイアスの知識を「データ解釈力」に変換する

　ここでは、バイアスの知識を分析結果の解釈へと繋げる試みを紹介します。取り上げる分析事例は大学の進路決定に関する調査で、1つは科学技術・学術政策研究所による2018年公表の調査、もう1つは愛媛大学の大橋淳史准教授らによる2019年実施の調査です。

　両者の違いは調査対象者属性です。前者は、日本国内の大学学部課程に在籍する18歳以上30歳以下の全国の男女3231人が対象なのに対して、後者は、全国15歳以上19歳以下の男女1051名が対象でした。つまり単純化すると、前者は進路選択をした後の大学生、後者は進路選択を現在進行形で行っている高校生が主な調査対象ということです。

　この2つの調査結果で面白い違いが見られたのが、「女性の理系選択の壁と思わ

---

16) アレクサンダー博士は、豚インフルエンザが最初に報告されたとき、疾病対策予防センターに助言を与える予防接種実施委員会のメンバーでした。

れる要因」への回答傾向です。大学生の調査では、3231人のうち2480人が「ライフイベントとキャリア形成の両立が難しい」と回答したのに対し、高校生の調査では511名いた女性の中でワークライフバランスを選択した女性はたったの4名で、その他主な選択理由は「得意科目を重視した」というものでした。

この他にも、大学生の理系選択には将来の安定性や収入が選ばれる傾向がありましたが、高校生の回答傾向では、やはり得意科目という回答が選択される傾向にありました。

このように、大学生は高校生に比べて「ワークライフバランス」「安定性」「収入」といった、まるで新卒入社のタイミングで登場するような言葉で、大学進路の選択理由を回答したのです。

図4.4.5は、回答傾向の違いをまとめたものです。2つの調査は別々の高校生と大学生を対象に実施されていますが、ここでは同じ人たちが回答したものとして整理しています。高校生当時は、シンプルに得意科目で進路選択をしていたこと、しかし大学生になると就活などを意識したような回答、つまり進路選択時に既に「安定性や収入」や「ワークライフ・バランス」を考えていたような回答傾向になっていることがわかります。

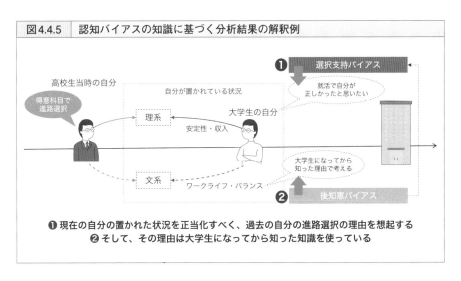

図4.4.5　認知バイアスの知識に基づく分析結果の解釈例

❶ 現在の自分の置かれた状況を正当化すべく、過去の自分の進路選択の理由を想起する
❷ そして、その理由は大学生になってから知った知識を使っている

これらの回答傾向に潜む認知バイアスは、❶選択支持バイアスと❷後知恵バイ

アスの2つです。

　まず、大学生は就活を意識した自身の状況に合わせ、過去の自分の進路選択の理由を想起しているように見えます（**選択支持バイアス**）。そして、その選択理由を高校時代には使わなかったであろう言葉で説明しています（**後知恵バイアス**）。こういった認知バイアスの影響を過小評価してしまうと、大学生向けの調査結果を鵜呑みにした、高校生向けの進路指導対策などが検討されかねないため注意が必要です[17]。

認知バイアスの知識を「データ伝達力」に変換する

　ここでは**フレーミング効果**に着目し、データの伝達時に注意したい点について解説します。ポイントは「分析結果を伝えるときは、できるだけ割合表示の使用は避ける」です。

　人は総じて割合や確率に関する情報処理が苦手なため、情報を実数値で提示された方が、物事の判断が円滑に進むことがわかっています[18]。

　例えば、ダイエット効果3倍と言われても、従来ダイエットが1週間で100g痩せたのか1kg痩せたのかで、この効果の意味合いが全く変わってしまいます。また1章で紹介した「基準率の無視」も関係する話題です。これは「精度99%の検査」と言われても、実際に検査で陽性判定された人が「本当に病気である確率」は1%から99%まで変化するという事例で紹介したものです（図1.2.10参照）。

　つまり、効果3倍とか99%の高精度などといった割合情報には、実は大して中身は詰まっていないということです。

　インパクトのある数値を見出しに使い他者の注意を引く行為は、**大きな数値に訴える論証**と呼ばれる論理的誤謬の1つであり、特に他者の印象操作のために使われます。分析者も他者説得を求められる仕事ですが、科学的に正確なコミュニケーションを放棄したこの種の話法に頼るのは避けるべきでしょう。

17）大学生の調査結果から高校生の施策を考えるというのは、2章で解説した「選択バイアス」や「軽率な概括」と呼ばれる注意点を軽視していることになります。

18）こういった情報提示方法の配慮は、医者と患者の関係性、つまり患者＝専門知識を持たず往々にして病気で弱っている状態の方々の判断を支援するために強調されます。

記憶忘却の意義を分析に応用する

　最後に、記憶忘却の意義について考えてみます。記憶と学習は密接な関係にありましたが、そんな中で、記憶の忘却には次のような意義があることを紹介しました。1つずつ、分析業務との接点を見てみましょう。

> ・忘却は、重要ではない情報を取捨選択（フィルタリング）した結果である
> ・忘却は、学習効果を高めるための1つの情報処理過程の可能性がある

(1) 情報の取捨選択

　データはどれも貴重ですが、分析上、除外した方が良いデータが存在することも事実です。分析の世界では、このようなデータを**外れ値（outlier）**と呼び、事前の分析計画の段階でどのように外れ値を除外するかを決めておくのが一般的です。

　図4.4.6をご覧ください。2つの変数が関連性（一方の数値を動かすと他方の数値も動く）があることを「相関関係がある」と言いますが、二変数間の相関分析を行うとき、ある特定の点が存在するかしないかで相関関係の解釈が変わってしまう場合があります。

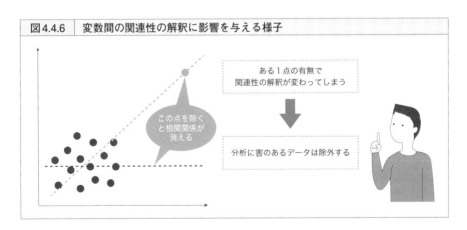

図4.4.6　変数間の関連性の解釈に影響を与える様子

この場合、右上の1点が抜けると変数間の相関関係が消えてしまいます。ただ、この種の確認を全て目視で判断することは難しいので、例えば点ごとに、その点を除去した場合にどの程度相関関係が変化してしまうかを表した統計量を計算し、その値が大き過ぎる場合には分析データから除外するなど決めて対応するのが一般的です。

　このように、分析の信頼性を低下させるようなデータをフィルタリングする行為は、記憶忘却の働きに似ている点を理解しておいてください。

(2) 情報の取捨選択

　3章で紹介した機械学習の分野にも、記憶の忘却と似たようなステップを踏んで学習効率を高めようとする分析的工夫があります。

　図4.4.7をご覧ください。これは、一度作った学習済みモデル（判断ロジック）の精度を評価する様子と、その評価結果を反映してモデルを再学習する流れを示しています。

　処理の流れは、❶学習済みモデルの判断性能を評価するデータを機械に渡し、❷機械は学習に使ったデータの中で性能を下げるように働いている学習データを特定し、❸性能を低下させているデータを除外してからモデルを再学習させるというものです。

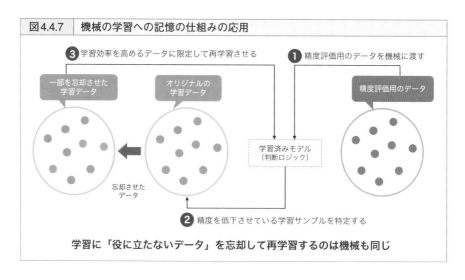

図4.4.7　機械の学習への記憶の仕組みの応用

❸学習効率を高めるデータに限定して再学習させる　　❶精度評価用のデータを機械に渡す

一部を忘却させた学習データ　　オリジナルの学習データ　　精度評価用のデータ

学習済みモデル（判断ロジック）

忘却させたデータ

❷精度を低下させている学習サンプルを特定する

学習に「役に立たないデータ」を忘却して再学習するのは機械も同じ

　これは4.2で紹介した東京大学の研究グループの研究発表内容、「人は寝ている間に不要な記憶を忘却している可能性がある」というものと似た再学習アプローチになっています。

　今回、こうした学習技術との繋がりを紹介したのは、認知の働きを理解することが、今話題となっている人工知能の技術面の理解にも役立つことを感じて欲しかったからです。

4.4のまとめ

- 自分の考えや仮説に「整合しない情報」を積極的に探索することが重要である。
- 記憶由来のバイアスの知識は、データの収集力・解釈力・伝達力の向上に役立てられる。
- 記憶の忘却に意義があったように、分析でもデータを計画的に取捨選択している。

第 5 章

認識由来のバイアスの罠

認識時に重視される
「正確さ」以外の基準を知る

　自身が置かれた外部世界＝社会の中で生きていくためには、物事を正確に認識することが求められます。ただ、認識の働きに由来する認知バイアスを知れば知るほど、私たちの心は「正確さ」だけを追求しているものではないことに気付かされるでしょう。

　この章では、認識時に重視される「正確さ」以外の基準を知っていただいた上で、分析者が知っておくべき注意点について解説していきます。

5.1 認識の働きの特徴

認識の役割

　自分のことや、自身が身を置く外部世界を正確に**「認識（recognition）」**することは、その後の適切な判断や行動に欠かせない重要な認知機能の1つです。私たちは実に様々な物事を（日々の出来事の社会的意味合いまで幅広く）認識していますが、ここでは以下3つの視点から解説したいと思います。

> ①**自己・他者認識**：自分や他者をどう認識しているのか
> ②**状況認識**：自身が身を置く外部世界（社会）をどう認識しているのか
> ③**集団を介した自己・他者認識**：社会的集団を通して自分や他者をどう認識しているのか

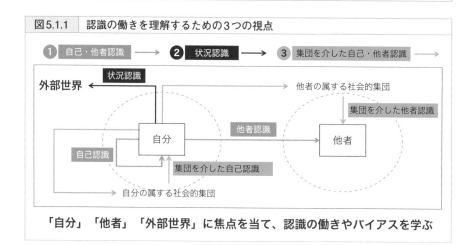

図5.1.1　認識の働きを理解するための3つの視点

「自分」「他者」「外部世界」に焦点を当て、認識の働きやバイアスを学ぶ

自己・他者認識①：優越の錯覚

　1981年、スウェーデンの心理学者オーラ・スヴェンソン教授は、スウェーデン

と米国の学生を対象に、運転技能に関する自己認識を調査しました。すると、スウェーデン人学生の77%、米国人学生に至っては88%の人が「自分の運転は集団平均よりも安全である」との認識を示すことが確認されました。この「自分は集団平均よりも優れていると感じる認知的傾向」を、**優越の錯覚（illusory superiority）** と呼びます[1]。

この自己の過大評価は今も変わりません。2018年、米国の組織心理学者ターシャ・ユーリック博士は、5000人規模の調査データから「95%の人は自分はきちんと自己認識できていると信じているが、正確な自己認識に至っている人は10〜15%に過ぎない」と推計しました。また、イェール大学の心理学者デイビッド・アーマー博士は「人は他人の偏見にはすぐ気付くのに、自分の偏見には鈍感である」ことを、**客観性の錯覚（illusion of objectivity）** と呼びました。

つまり、多くの人は「自分が『自己認識できていないこと』を認識できていない」のです。

 ## 自己・他者認識②：自己奉仕バイアス

自己認識は自分優位に偏ると記しましたが、この偏りの原因の1つが**自己奉仕バイアス（self-serving bias）** です。これにより私たちは、自分の成功は自身の能力や努力といった「内的要因」のためと考える一方、失敗は運や環境といった「外的要因」のためと考えます。

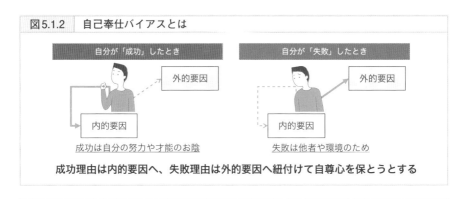

図5.1.2　自己奉仕バイアスとは

自分が「成功」したとき	自分が「失敗」したとき
外的要因	外的要因
内的要因	内的要因
成功は自分の努力や才能のお陰	失敗は他者や環境のため

成功理由は内的要因へ、失敗理由は外的要因へ紐付けて自尊心を保とうとする

---

1)　優越の錯覚は、平均以上効果やレイク・ウォビゴン効果とも呼ばれます。また、特に技能の低い人が感じる優越の錯覚、すなわち学習初学者が集団平均よりも優れていると感じることは、ダニング・クルーガー効果と呼ばれます。

このように自身への評価を（減点のない）加点方式にしておくことで「自分は優秀である」と感じやすくなり、それが心の安定（自尊感情）に繋がります。私たちの心は、機械のように正確な認識を追求しようとする単純な装置ではないのです。

自己・他者認識③：基本的な帰属のエラー

自分には優しい心の傾向も、他者に対しては様相が一変します。例えば、過去の「自分の遅刻」の理由を聞かれたら、寝坊や不注意といった理由以外にも、当時の多忙な状況や電車遅延といったことまで思い出そうとするでしょう。でも「他者の遅刻」については、あの人は時間にルーズだからなどと内的要因で説明を済ませられるなら、それ以上の思考は止められます。

このように、自身の行動背景を探る際には「内的要因だけでなく外的要因についても考慮する」一方で、他者の行動背景を探る際には「内的要因に偏重し、外的要因への探索が疎かになる」ことを、**基本的な帰属のエラー（fundamental attribution error）** と呼びます。

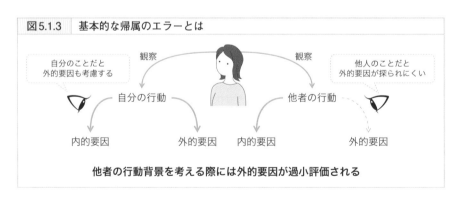

図5.1.3　基本的な帰属のエラーとは

他者の行動背景を考える際には外的要因が過小評価される

自己・他者認識④：社会的比較バイアス

基本的な帰属のエラーでは、綺麗に説明のできない出来事があります。それは「他者の成功」です。仮にあなたが何かに成功したとして、それを見聞きした他者

はどんな反応を示すと想像できるでしょうか。もしあなたの成功を、あなたの努力や人格の為と認める人がいたら、それはきっと真の友人です。しかし多くの場合、他者はあなたの成功を「ただ時流に乗っただけ」などと考えがちです。つまり、他者の成功に限っては内的要因ではなく、外的要因に偏ってその理由が探られやすくなるのです。

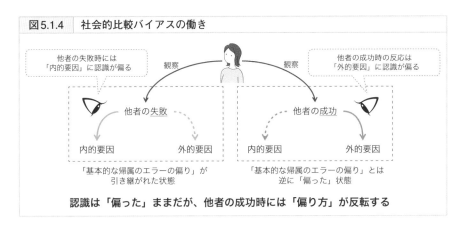

図5.1.4　社会的比較バイアスの働き

他者の失敗時には「内的要因」に認識が偏る

観察

他者の成功時の反応は「外的要因」に認識が偏る

観察

他者の失敗 → 内的要因 ／ 外的要因

他者の成功 → 内的要因 ／ 外的要因

「基本的な帰属のエラーの偏り」が引き継がれた状態

「基本的な帰属のエラーの偏り」とは逆に「偏った」状態

認識は「偏った」ままだが、他者の成功時には「偏り方」が反転する

　この偏りの反転を説明してくれるものが、**社会的比較バイアス**です。このバイアスは「他者の成功に対して、嫌悪感や嫉妬を抱きやすい認知的傾向」のことで、私たちの心は物事を正確に認識することよりも、この嫌悪感や嫉妬を解消することを優先するように働きます。そのため、基本的な帰属のエラーによって内的要因に偏る傾向が、この時だけは外的要因に偏るのです。

🎯 自己・他者認識⑤：行為者・観察者バイアス

　図5.1.5を使って、これまで解説してきた認知バイアスを振り返り、その総体に位置する「行為者・観察者バイアス」と呼ばれるものを解説します。

　まず、❶自分の行動全般の背景理由（なぜそうしたか・そうなったか）についてはバランスを取って考えようとするのに、❷他者については内的要因に偏って考える癖がありました（**基本的な帰属のエラー**）。自分のことをバランスよく考え続けるならいいのですが、❸自分の成功は自分の内的要因、失敗は外的要因のた

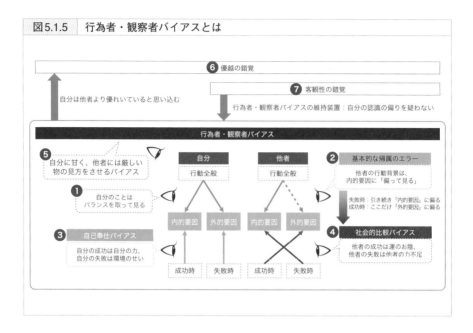

図5.1.5　行為者・観察者バイアスとは

❻ 優越の錯覚

自分は他者より優れていると思い込む

❼ 客観性の錯覚

行為者・観察者バイアスの維持装置：自分の認識の偏りを疑わない

行為者・観察者バイアス

❺ 自分に甘く、他者には厳しい
物の見方をさせるバイアス

自分
行動全般

他者
行動全般

❷ 基本的な帰属のエラー

他者の行動背景は、
内的要因に「偏って見る」

❶ 自分のことは
バランスを取って見る

失敗時：引き続き「内的要因」に偏る
成功時：ここだけ「外的要因」に偏る

❸ 自己奉仕バイアス

自分の成功は自分の力、
自分の失敗は環境のせい

内的要因　外的要因　内的要因　外的要因

成功時　失敗時　成功時　失敗時

❹ 社会的比較バイアス

他者の成功は運のお陰、
他者の失敗は他者の力不足

めと偏って認識します（**自己奉仕バイアス**）。

　また、❹他者のことも常に内的要因に偏って考えるなら、他者の成功をその人の努力の結晶であると認識できそうですが、**社会的比較バイアス**によって他者の成功だけは外的要因に偏って考えてしまいます。そしてこれらの総体として、心が❺自分に甘く他者に厳しいという物の見方＝偏った認識を持つに至るのです（**行為者・観察者バイアス**）。

　最後に、❻このバイアスの働きの結果、「自分は他者よりも優れているという感覚＝優越性の錯覚」が作られます。そしてこの錯覚を守るには、その存在を悟られなければいいので、❼心は「自分には偏見などない」という**客観性の錯覚**を用意して、自身の自尊感情の維持に努めます。

 状況認識①：ナラティブ・バイアス

　ここからは**「状況認識（外部世界の認識）」**についてです。自己でも他者でもない社会の出来事に関する認識の癖を知ることが、ここでの目標です。

最初に簡単な実験をします。レオナルド・ダ・ヴィンチの描いた「モナリザ」と聞いて知らない人はいないと思いますが、では「なぜ、モナリザは有名になったのか？」を少し考えてみてください。

以下の2つを選択肢とした場合、どちらの説明がしっくりくるでしょうか？

①モナリザがダ・ヴィンチの最高傑作の1つだから
②1911年に、モナリザが美術館から偶然にも盗まれ注目を浴びることになったから

皆さんには①を選んで欲しかったのですが、いかがだったでしょうか？

歴史的な事実を確認しておくと、ダ・ヴィンチが亡くなったのは1519年で、1911年時点のモナリザはルーブル美術館の膨大なコレクションの1つに過ぎませんでした。もし、その芸術性の高さで有名になったのなら、なぜ400年間も放置されていたのかが疑問です。

このエピソードを紹介した米国の社会学者ダンカン・ワッツ博士は、盗難事件によって偶然に浴びたその注目が新たな注目を生み[2]、モナリザは誰もが知る存在となった、つまり盗難事件がなければ今も無名だっただろうと指摘したのです。

もちろんこれは1つの考え方に過ぎませんが、今重要なのは、この説明を聞かされた時の私たちの心の反応です。世界的に有名になった理由を「偶然」と説明されると、どうしても抵抗感を覚えてしまうはずなのです。なぜなら、私たちは**ナラティブ・バイアス（narrative bias）**といって、物事の結果を偶然で説明されるより、もっともらしい原因を使ったシンプルでわかりやすい説明（物語）を好む認知的傾向を持っているからです（図5.1.6）。

もし「結果には原因があるかどうか」と問われれば、普通はYESと答えると思います。私たちは本来、偶然による結果までも、何か理由を付けて理解しようとする癖があるということです。

---

[2]　このように「富めるものは益々富み、そうでないものとの格差が広がること」を、マタイ効果（Matthew effect）と呼びます。

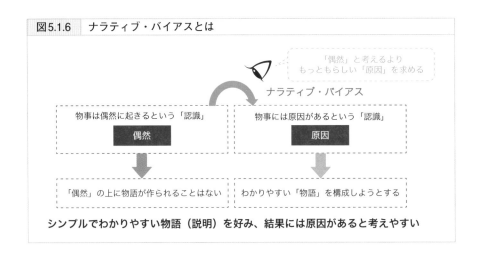

図5.1.6　ナラティブ・バイアスとは

「偶然」と考えるより
もっともらしい「原因」を求める

ナラティブ・バイアス

物事は偶然に起きるという「認識」
偶然

物事には原因があるという「認識」
原因

「偶然」の上に物語が作られることはない

わかりやすい「物語」を構成しようとする

シンプルでわかりやすい物語（説明）を好み、結果には原因があると考えやすい

状況認識②：インヒアランス・ヒューリスティック

2014年、ニューヨーク大学心理学部のアンドレイ・シンピアン教授らは、ナラティブ・バイアスを一歩掘り下げた、**インヒアランス・ヒューリスティック (inherence heuristic)** と呼ばれる考え方を提示しました。インヒアランス（内因性）とは、観察対象に内在された（内的要因の中でも）固有性の高い特徴のことです。

例えば、ラーメン屋に行列ができていたら「そこのラーメンはきっと旨いのだろう」と考えるでしょう。それは、ラーメン屋にとっては「ラーメンの旨さ」こそが、内的要因の中でも固有性の高い特徴だからです（お店の立地や綺麗さは固有性の少し落ちる内的要因、お店の周辺環境や客層は外的要因といった風に理解できます）。

この考え方を先のモナリザのケースに当てはめると、絵画固有の特徴＝芸術性だからこそ、モナリザが有名になった物語を構成するには、「ダ・ヴィンチの最高傑作」といったフレーズの方が好まれると予想されるのです。

以上の解説をまとめたものが、図5.1.7です。先のナラティブ・バイアスにせよ、インヒアランス・ヒューリスティックにせよ、その共通点は「偶然性の軽視」で

す[3]。私たちの認識は、観察対象固有の内的要因に注意が傾きやすいのです。

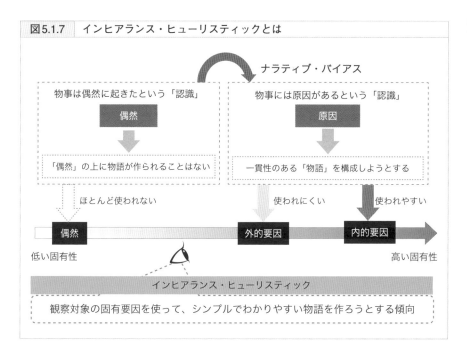

図5.1.7　インヒアランス・ヒューリスティックとは

状況認識③：ホットハンドの誤謬

　原因を求める癖の次に注目したいのが、**「偶然性（ランダムネス）」**を巡る認識です。

　ホットハンドとは、バスケットボールの試合で何度も連続してゴールを決めるプレイヤーの好調さを表現した言葉です。その日のプレイヤーの調子はどうかとプレーを観察したとき、シュートが連続して成功（または失敗）するのを見ると、その後もその傾向が継続するのではないかと感じてしまうでしょう。それを、**ホットハンドの誤謬（hot-hand fallacy）**と言います。

---

3)　偶然性の軽視は、3章で取り上げた「クラスターの錯覚」にも見られた特徴です。これにより統計的にはランダムな爆撃地の跡にも、ロンドン市民はパターンを見出しました。

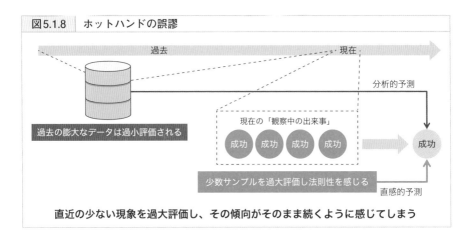

図5.1.8　ホットハンドの誤謬

過去

現在

過去の膨大なデータは過小評価される

分析的予測

現在の「観察中の出来事」

成功　成功　成功　成功

成功

少数サンプルを過大評価し法則性を感じる

直感的予測

直近の少ない現象を過大評価し、その傾向がそのまま続くように感じてしまう

　この誤謬は、過去の膨大なデータから計算できる「統計的に裏付けられた平均シュート成功確率」よりも、直近のたかだか数回の規則性を過大評価し、そこに含まれる偶然性（たまたま成功や失敗が続いた可能性）を過小評価してしまうという、私たちのパターン認識時の心の癖です[4]。

状況認識④：ギャンブラーの誤謬

　ホットハンドの誤謬との対比のため、3章で取り上げた「ギャンブラーの誤謬」について振り返ります。例えば、株価の変化を数分程度眺めていると、かなり頻繁に（かつランダムに）上下動することがわかります。こんな時「ある程度の時間、株価が上昇し続けたから、そろそろ下落するかもしれない」などと考えてしまうのは、典型的な**ギャンブラーの誤謬**の症状です。つまり、ランダムに生じると予想される観察対象が「ある程度連続して同じ結果が続いたから、そろそろ次は別の結果が起きるんじゃないか」と感じさせる心の働きこそが、ギャンブラーの誤謬なのです。

　さて、ホットハンドの誤謬もギャンブラーの誤謬も偶然性に関するものですが、実は両者の結果予想の在り方が真逆になっていることに気が付くでしょう。

---

4)　ここで過小評価されている偶然性とは、2章で解説した「偶然誤差」に該当します。

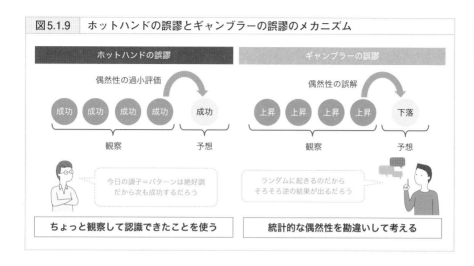

図5.1.9 ホットハンドの誤謬とギャンブラーの誤謬のメカニズム

誤謬間で予想が反転するのは、偶然性との向き合い方で次の違いがあるためです。

・ホットハンドの誤謬：統計的な偶然性の過小評価
・ギャンブラーの誤謬：統計的な偶然性の誤解

ホットハンドの誤謬は、過去の傾向よりも目先数回程度の現象に見られる規則性を重視し、それをパターンと誤認するものでした。表裏の出る確率50%のコインであっても、4回連続で表が「偶然に出る確率」は1/16 = 6.25%もあります。私たちはこの偶然の確率を過小評価しやすいのです。

一方のギャンブラーの誤謬は、統計的な偶然性への誤解が根本にあります。統計的な意味でのランダムとは、文字通り何の規則性もありません。なので、「過去に表が多かったから次は裏」といったような規則性もありません。

この「統計的にランダムな世界」に対して私たちの「認知的なランダムな世界」は、どの範囲でデータを見ても総じて表と裏が半々になることを期待します。そして、この2つの世界のギャップを理解することが当然、分析者には要求されるのです。

- ・私たちの認識は「自分に甘く他者に厳しく」なるように偏っている。
- ・認識の偏りは、心の安定（自尊心）を保つのに役立っている。
- ・心の安定を保つため、自分自身には偏りがないと感じやすくなっている。
- ・結果には原因があると考えられやすく、偶然性は過小評価されやすい。

5.2 集団を介した自己・他者認識

社会的カテゴリー化

ここからは、集団を介した認識について解説します。

観察対象を似たもの同士にまとめて1つのグループとして認識することを、**カテゴリー化**と呼びました。このカテゴリー化の能力を使って自分や他者を社会的集団に分類し認識することを、特に**社会的カテゴリー化**と呼びます。

社会的カテゴリー化による恩恵は、大きく2つあります。1つは、あまり面識のない相手であっても、その人のことを効率的に理解できる点です。いちいちゼロから関係を構築していては、社会生活を営みづらいでしょう。そしてもう1つは、集団への所属感から来る社会的価値や自身の独自性などを感じられるようになること、つまり**社会的アイデンティティ**を獲得できることです。

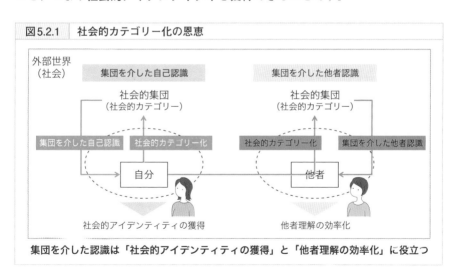

図5.2.1　社会的カテゴリー化の恩恵

集団を介した認識は「社会的アイデンティティの獲得」と「他者理解の効率化」に役立つ

一方で、社会的カテゴリー化には負の面もあります。それは「自分側＝**内集団**」と「向こう側＝**外集団**」という認識を生み出すことです。

例えば、**内集団バイアス（in-group bias**：内集団に属するメンバーに対して

は客観的証拠が示す以上に過大評価すること＝身内びいき）が放置されたままリファラル採用を強化すると、採用面では効果を生みますが、評価面での不公平さが生まれ中長期的には組織の活力が奪われる恐れがあります。

また、自己奉仕バイアスの集団バージョン、**集団奉仕バイアス（group-serving bias）** の影響も無視できません。これは自己奉仕バイアス同様、「内集団の成功は自分たちの成果、失敗は外部要因のため」という認識を強めます。このバイアスに嵌ると、例えば分析者が営業部門の内集団の一員という感覚で分析をすると、営業成績の悪化をマーケット環境に求め過ぎたり、逆に外集団の一員という感覚で分析をすると営業スキルに原因を求めやすくなります[5]。

分析チームが、組織図的にも心理的（利害関係的）にも独立している方が良いのは、こういったバイアスの影響を受けにくくするためです。

 ## ステレオタイプ

社会的カテゴリー化によって他者を認識することは、他者を1人の人間としてではなく、その人が属する集団のイメージ、つまり**ステレオタイプ**で理解することを意味します。これには他者認識の効率化といった恩恵もありますが、むしろ弊害面が多く知られています。

その1つが**外集団同質性バイアス（out-group homogeneity bias）**で、これにより私たちは外集団の人々を実態よりも同質な集団と見なしやすくなります。例えば、博士人材を「コミュニケーション力が低い」と考えるのは自由ですが、個人差を過小に評価すれば、真に有能な人材の採用は難しくなるでしょう。

ステレオタイプによる他者理解を効率化する弊害は、これだけではありません。自身が所属する集団の肯定的、または否定的なステレオタイプが、その集団に属する人々のパフォーマンスに影響を与えることが知られています。

（1）ステレオタイプ・ブーストとステレオタイプ脅威
UCLAアンダーソン経営大学院の心理学者マーガレット・シー教授は、米国人

---

5) 外部のコンサルティング会社が分析をすると、クライアントは外集団になるため、提案がスキル研修に偏ることがあります。これは行為者・観察者バイアスの影響だと考えられます。

学生が持つ「アジア人は数学が得意である」や「女性は数学が苦手である」といったステレオタイプを利用し、ある実験を行いました。その実験の対象者は「アジア系米国人女性」で、彼女たちには「数学」の試験を受けてもらったのですが、その際「複数のアイデンティティ」を持つ彼女たちに対して、ある特定のアイデンティティを意識させるように介入したのです。

すると「アジア系」であることを活性化されたグループの成績は向上しましたが、「女性」であることを活性化されたグループの成績は低下してしまいました。このように肯定的ステレオタイプによって成績が向上することを**ステレオタイプ・ブースト**、逆に否定的ステレオタイプのために成績が低下することを**ステレオタイプ脅威**と呼びます。

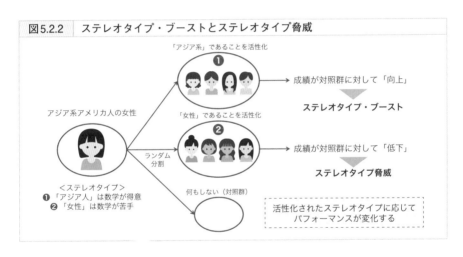

図5.2.2　ステレオタイプ・ブーストとステレオタイプ脅威

アジア系アメリカ人の女性

「アジア系」であることを活性化
❶

「女性」であることを活性化
❷

何もしない（対照群）

ランダム分割

＜ステレオタイプ＞
❶「アジア人」は数学が得意
❷「女性」は数学が苦手

成績が対照群に対して「向上」
ステレオタイプ・ブースト

成績が対照群に対して「低下」
ステレオタイプ脅威

活性化されたステレオタイプに応じてパフォーマンスが変化する

当然、問題視されているのは「ステレオタイプ脅威」です。これは自己優位でありたい自己認識の働きを脅かすため、心にも負担なのです。もしこの負担を感じている状態で、ステレオタイプが指摘する通りの現実（女性が数学の試験で悪い点を取るなど）が起こってしまうと、「やっぱり自分には（数学などが）向いていないのかな」などと考え、ステレオタイプの予言通りの判断に陥りやすくなってしまいます。

例えば、日本データサイエンティスト協会によると、日本のデータサイエンティストの約9割は男性ですが、これも「女性は理科系に不向き」というステレオタイプの影響を受けている可能性があります。

(2) ステレオタイプ・リフト

　スタンフォード大学の心理学者グレコリー・ウォルトン教授らは、自身の属する集団のステレオタイプではなく、外集団に対して抱いているステレオタイプが、自分たちにどんな影響を与えるかに注目しました。そこで得られた発見は「見下せる外集団がいると、自分たちのパフォーマンスが向上する」というもので、様々な社会問題の温床を示唆するような内容でした。この効果は、**ステレオタイプ・リフト（stereotype lift）** と呼ばれています。

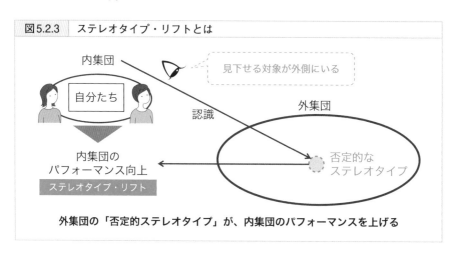

図5.2.3　ステレオタイプ・リフトとは

内集団

見下せる対象が外側にいる

自分たち

認識

外集団

内集団の
パフォーマンス向上

ステレオタイプ・リフト

否定的な
ステレオタイプ

外集団の「否定的ステレオタイプ」が、内集団のパフォーマンスを上げる

　ウォルトン教授らの分析では、米国白人男性はこの効果によりSAT（米国の大学進学者の基礎学力を図るための統一試験）の得点が約50点上昇すると試算されました。SATは1600点満点、平均点は1000〜1100点なので、この差は平均的な大学の合否を分けるには十分な水準です。

　ステレオタイプ・リフトの影響は、もちろん試験以外にも見られます。英国ウォーウィック大学の心理学者ペリー・ヒントン教授による、日本人のステレオタイプ研究の中では、明治維新後の英国人技術者が持っていた、日本人へのステレオタイプが紹介されています。そこには「遅れた東洋人」や「弱くて退化した日本人」といった記載が見られました。

　このような他者への否定的なステレオタイプを持つことで、英国人技術者は自身の文化的優越性を感じ、彼らの影響力や行為を正当化しました。ここでも自身の優越性を高めようとする心の働きを見ることができるのです。

ステレオタイプと代表性ヒューリスティック

　ここでは、1章で紹介した**代表性ヒューリスティック**について振り返り、ヒューリスティックとステレオタイプの関係性について解説します。

　ヒューリスティックの仕組みは、カテゴリーの典型例である**プロトタイプ**との類似性＝代表性を使って、観察対象のカテゴリー化を行うものでした。そして、社会的カテゴリー化の際に、社会的集団のプロトタイプとして採用されるものがステレオタイプなのです。

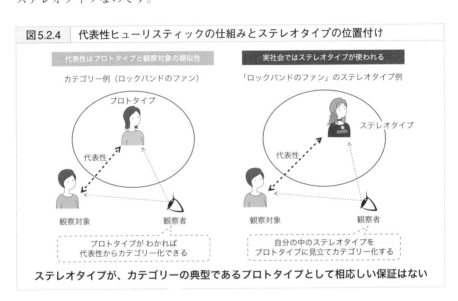

図5.2.4　代表性ヒューリスティックの仕組みとステレオタイプの位置付け

代表性はプロトタイプと観察対象の類似性

カテゴリー例（ロックバンドのファン）

プロトタイプ

代表性

観察対象　　　観察者

プロトタイプがわかれば
代表性からカテゴリー化できる

実社会ではステレオタイプが使われる

「ロックバンドのファン」のステレオタイプ例

ステレオタイプ

代表性

観察対象　　　観察者

自分の中のステレオタイプを
プロトタイプに見立てカテゴリー化する

ステレオタイプが、カテゴリーの典型であるプロトタイプとして相応しい保証はない

　しかし、ステレオタイプがカテゴリーの典型であるプロトタイプとして相応しい内容になっている保証はありません。つまり、代表性ヒューリスティックに由来する問題は、文字通り「代表性」を使っているためなのか[6]、それとも私たちが抱いている「粗悪なステレオタイプ（誤ったカテゴリーイメージ）」のためなのかに問題を分けることができるのです。

---

6) 代表性を使うことで、統計的には明らかに可能性の低いカテゴリーに観察対象を所属させてしまう「連言錯誤」を1章で紹介しました。

ステレオタイプの形成

　粗悪なステレオタイプを持たないためには、その形成過程を理解することが役立ちます。

　英国ウォーウィック大学の心理学者ペリー・ヒントン教授は、ステレオタイプは私たちの**予測脳（predictive brain）**の働きの産物であると述べています。ヒントン教授の見解は、英国エディンバラ大学のアンディ・クラーク教授による「私たちの脳は本質的に**予測機械である**」という主張をベースとしたものです。

　少し難しい主張ですが、予測脳なるものの働きを体感することが理解の近道になるでしょう。そこで、次の文章の括弧内に入りそうな単語を、あまり深く考えずに思い浮かべてみてください。

> 問題文：朝食を食べてから、飼っている「　？　」のために近くの公園を散歩した。

　特に苦労なく、あなたの脳は「犬」と連想したかと思います。私たちは括弧前後の文脈を瞬時に読み取り、予測候補を生成することができるからです。

　では、少し文章を変えて続けます。

　次の文章の場合、あなたは自信のある回答候補に辿り着けるでしょうか？

> 問題文：朝食を食べてから、「　？　」と一緒に近くの公園を散歩した。

　こうなると、「犬」以外にも「配偶者」などが挙がると思います。そして、最初の文章の時ほどは確信が持てなかったでしょう。たった一言抜けただけで、印象が大きく変化したのです。

　このように、私たちの脳は少しの表現の違いを読み取り、空白部分の解答候補をリアルタイムに予測し生成してくれます。

　以上の空白予測問題を通して伝えたかった点は、「私たちがある社会的集団に対して抱くステレオタイプも、脳が予測し生成したもの」ということです。そして、不正確で偏ったイメージが連想されることがあるのは、私たちが邪悪な存在だか

らではなく、そのような情報が生活に溢れ、脳がそれを学習をしてしまった結果だと考えられるのです。

　ノースウェスタン大学の社会心理学者アリス・イーグリー名誉教授は「ステレオタイプは神秘的なものではなく、日常生活の観察に根ざしている」と述べています。また、冒頭で紹介したヒントン教授は「ステレオタイプは心の中の文化」と表現しています。

　つまり、ステレオタイプは再学習によって是正することができると考えられるわけです。

5.2のまとめ

・集団レベルになっても、自分たちに甘く他者に厳しい認識は変わらない。

・集団レベルになると他者認識が画一的になりやすい。

・外集団に対する否定的なステレオタイプにより利益を得る集団が存在する。

・ステレオタイプは神秘的なものではなく、再学習可能なものである。

5.3 分析者が注意したい認識由来のバイアス

偶然性の不一致

これまで自己・他者認識や状況認識について見てきたので、ここでは特に分析者が注意したい認識由来のバイアスについて取り上げます。最初のテーマは**「偶然性（ランダムネス）」**です。

統計学を使って理解できる偶然性（統計的にランダムな世界）と、私たちの心が自然と感じる偶然性（認知的にランダムな世界）が異なることは、本書の中で繰り返し言及してきました。

具体的には2つの不一致領域が存在します。

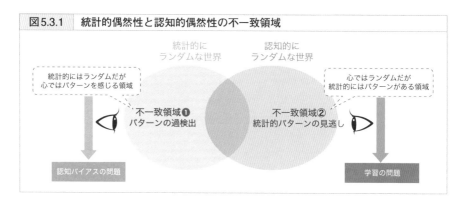

図5.3.1 統計的偶然性と認知的偶然性の不一致領域

さて、ここまでパターンに関連して本書に登場した数々の認知バイアスを、あらためて列挙してみます。

①**アポフェニア**：無意味な情報の中からパターンを見出そうとする心の働き

②**クラスターの錯覚**：ロンドン空爆パターンのような、存在しないパターンの過検出

③**ホットハンドの誤謬**：少数の規則性を一般化したパターンの過検出

④**ギャンブラーの誤謬**：そろそろ逆の傾向になると考えるパターンの過検出

⑤**ナラティブ・バイアス**：結果には原因があると考えた物語（パターン）の創出

⑥**インヒアランス・ヒューリスティック**：原因を内的要因に求めたパターンの創出

ここで気付くのは、これらバイアスは「いずれも、図5.3.1にある不一致領域❶に属している」ということです。

不一致領域②の方に認知バイアスが登場しないのは、この領域は「学習の問題」として扱われるのが一般的だからです。例えば、一般人がレントゲン写真を見ても「何だか白い影がある気がする」くらいにしか理解できないのは、知識不足＝学習の問題ということです[7]。

とはいえ、私たちの主な興味は認知バイアスなので、「心はなぜ、パターンを求めるのか」について掘り下げて考えていきましょう。

 ## コントロールの錯覚

図5.3.2をご覧ください。パターンの過検出のメカニズムについて、この図を使って解説します。

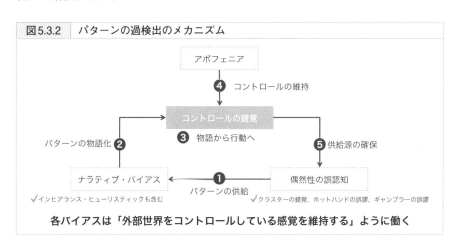

図5.3.2　パターンの過検出のメカニズム

各バイアスは「外部世界をコントロールしている感覚を維持する」ように働く

---

7)　学習の問題は不一致領域❶にも存在します。例えば機械学習の分野では、本来存在しないパターンを過剰に検出してしまうことを「過学習」と呼び、この回避自体が重要なテーマとして扱われています。

まず❶ですが、クラスターの錯覚・ホットハンドの誤謬・ギャンブラーの誤謬（偶然性の誤認知とも呼ばれる）といった働きによって、パターンを過剰に検出し供給します。この供給先は、❷物事がどうやって起きたかをシンプルでわかりやすい物語として構成する**ナラティブ・バイアス**です。ここには、物語の登場人物を決める**インヒアランス・ヒューリスティック**も含まれます[8]。

ただ、こうやって作られた物語も、上手く物事が進むと信じられなければ行動は起こされません。そこで登場するのが、❸**コントロールの錯覚（illusion of control）**と呼ばれるバイアスで、これが働くと「自分たちが考えた通りにやれば、世界をコントロールできるはずだ」と感じられるようになり、ここで実際の行動が喚起されます。

しかし現実的には、起こした行動によって期待通りの結果が手に入る保証はありません。そこでもし不都合な結果を得たら、❹アポフェニアを使って、その結果解釈の変更が試みられます。これは本書の2.4で紹介した「研究不正の指揮を司った認知バイアス」であったことを思い出してください。

最後に、こうして守られたコントロールの錯覚は、❺行動を起こすために新しいパターンを求めて偶然性の誤認知にパターンの供給を依頼し、パターンの過検出の働きが続けられます。

サンプルサイズの無視

パターンの過検出を可能にするために私たちの心が採用している基本戦術が、**サンプルサイズの無視**（目先のたった数回の観察からパターンを検出する傾向）です。ただ、少ない現象回数の観察から強引にパターンを見出そうとをすれば、当然、様々な弊害が生じます。

例えば、次の2人の営業パーソンのうち、あなたはどちらの成績の人の方が「受注率が50％を超えてくれそう」だと期待できるでしょうか？

---

8) 私たちは英単語などの単なる知識（意味記憶）を覚えるのは苦手ですが、物語性のある体験や社会的出来事（エピソード記憶）は記憶しやすいと言われています。記憶も、このサイクルを円滑に回すように働きます。

営業パーソンA：営業先5社を訪問し、受注が4回、失注が1回の実績
営業パーソンB：営業先20社を訪問し、受注が12回、失注が8回の実績

　この思考実験は、1974年の米国の心理学者ダニエル・カーネマンとイスラエルの心理学者エイモス・トヴェルスキーによる実験を参考に、筆者が内容を書き換えたものです。

　実験結果によると、大半の人が営業パーソンAを選ぶそうです。Aさんの受注割合は80%（5回中4回）と、Bさんの60%（20回中12回）より高いですが、いかんせんAさんのデータは5回分しかありません。しかし多くの人は「5回も試されたなら大丈夫じゃないか」と、サンプル数の少なさは過小評価されます。

 ## 少数集団に対する差別や偏見の背景要因

　サンプル数を過小評価する傾向は、ステレオタイプの形成にも見られます。

　1976年、カリフォルニア大学の社会心理学者デイビッド・ハミルトン教授らは、少数集団が特徴的な行動を取ると、それがステレオタイプの形成に過剰に影響することを指摘しました。子猫に餌を与える不良のようなケースなら平和的な誤解で済みますが、実社会における影響は「少数集団への差別や偏見」という形になって表れます。

　ここでは、この少数集団への偏見が生まれる背景要因を2つ紹介します。

(1) カテゴリー強調

　カリフォルニア大学の社会心理学者ジェフ・シャーマン教授らによれば、少数集団のステレオタイプの形成は、少数集団単体が観察され進められるのではなく、多数派で形成されたステレオタイプとの違いが強調されるように比較され進められます（**カテゴリー強調（category accentuation）** と呼ばれます）。

　この方式の問題点は、少数集団のサンプルが少ないまま比較される点です。少ないサンプルで判断されれば偶然性も大きくなりますが、これが過小評価されます。そして統計的には無関係であっても、ある特徴が少数集団と関連付けて理解されてしまうのです[9]。

---

9) 本来無関係な関係にも関連性があると勘違いすることを、錯誤相関と呼びました。そして、少数集団のステレオタイプは錯誤相関である可能性が高いのです。

(2) ネガティビティ・バイアス

　私たちの興味関心がネガティブ情報（人の欠点等）に向きやすいことを、**ネガティビティ・バイアス（negativity bias）** と呼びます。少数集団のステレオタイプ形成の過程でネガティブな点に注意が向けられると、そのステレオタイプもネガティブな内容になります。

　これは、ただでさえ少ない集団の上、ネガティブ情報に偏ったサンプルでステレオタイプが形成され得るということです。繰り返しになりますが、ステレオタイプはカテゴリーの典型例であるプロトタイプになる保証はないのです。

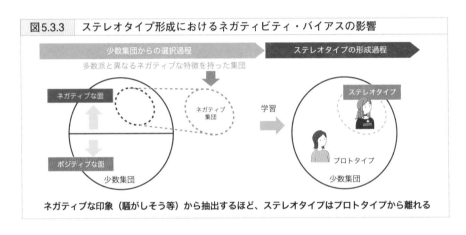

図5.3.3　　ステレオタイプ形成におけるネガティビティ・バイアスの影響

ネガティブな印象（騒がしそう等）から抽出するほど、ステレオタイプはプロトタイプから**離れる**

5.3のまとめ

・シンプルでわかりやすい物語を構成するために、パターンの過検出が続けられる。
・コントロールの錯覚を失わないために、研究不正でも見られた認知バイアスが働く。
・少数集団のステレオタイプは、集団の典型例として形成されにくい。

5.4 認識由来のバイアスの軽減戦略

◈ 自己認識力の向上に向けた取り組み事例

　米国の組織心理学者ターシャ・ユーリックが指摘した「自己認識力の低さ」は、私たちの心の安定を維持するための根源的な心の働きの結果なため、単に「客観的になりましょう」と言われても対応に困ってしまいます。

　そこでデータの力を借りて、自己認識力の高低をマネジメントできる状態を目指す方法について解説したいと思います。

　ヒントになる取り組みは、オーストラリアの大手電気通信会社テルストラの技術者の能力評価のスキームです。図5.4.1をご覧ください。

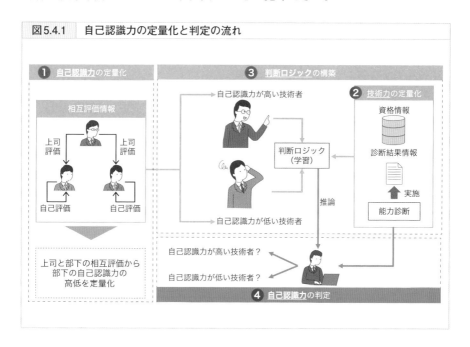

図5.4.1　自己認識力の定量化と判定の流れ

　まず、彼らは❶エンジニア自身による技術の自己評価と、上司による評価の2種類の評価値を収集しました。これにより両スコアのあるエンジニアについては、

自己認識力の高低を定量化できるようになります。力技ですが、大切な第一歩です[10]。

　次に、❷エンジニア保有の資格情報を整備し、エンジニアの能力測定のための診断テストを「❶対象の技術者」に受講させます。これにより先に取得した自己認識力の高低と、資格・能力診断結果の間の関連性が分析できるようになり、❸技術者の自己認識力を判別する「判断ロジック」の構築が可能となります[11]。

　その後、❹その他の技術者に対して開発済みの能力診断を定期的に受講させ、その結果を判断ロジックにインプットすれば、私たちが管理したい「自己認識力の高低」を手に入れることができます。

　自己認識力という抽象的な概念を、意識して管理するのは難しいものです。体重管理をしたければ体重計に乗るように、自己認識力を管理したければ、自己認識力をデータから計測できるようにすることが、その第一歩となります。

 ## ナラティブ・バイアスへの対抗策

　私たちは「世界を認識する際、結果には原因がある」と考えるナラティブ・バイアスを持っています。そしてこのバイアスには、統計学で学ぶ統計的仮説検定が役立ちます。なぜなら、検定の手続きそのものが「検定対象の事柄が『偶然の範疇』にあるのか、偶然の範囲を超えた出来事なのかを振り分ける」という目的で設計されているからです。

　例えば、ある新薬の効果を検証するケースを考えてみましょう。科学者が期待する物語（仮説）は「新薬は生存率を向上させる」などです。すると科学者は「新薬と偽薬の生存率が同じか、異なっても偶然の範疇である」という仮説H1を用意します。そしてこの仮説H1が成り立たない場合に採用する、仮説H2「新薬の生存率は偽薬よりも大きい」を別途準備します。

10）いわゆる人工知能と称される最新技術を使う場合でも、人手をかけたデータ作成作業は発生します。このデータ品質が技術活用の成否を分ける場合もあります。
11）実践上の工夫ポイントは、データを一部の技術者に限定して（コストを抑えて）収集することです。

- 仮説H1：新薬と偽薬の生存率は同じである（または異なっても偶然の範疇である）
- 仮説H2：新薬の生存率は偽薬よりも大きい

　この手続きの特徴は、分析者が期待する仮説を2番手に据え置き、それが採用されるのは1番手の仮説H1が棄却された場合のみとなっている点です。心が過小評価する仮説H1を1番手として登場させているのですから、統計学初学者のほとんどがこの点を気持ち悪く感じるのは、認知的には当たり前と言えます[12]。

　図5.4.2をご覧ください。統計的仮説検定の考え方とナラティブ・バイアスの関係をまとめたものです。私たちの心は自動的に「物語（仮説H2）」へと向かいますが、統計的仮説検定では、最初に「偶然（仮説H1）」を確認し、その棄却が確認できてから対立仮説を受け入れます。

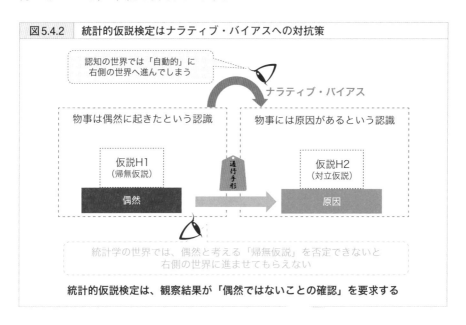

図5.4.2　統計的仮説検定はナラティブ・バイアスへの対抗策

認知の世界では「自動的」に右側の世界へ進んでしまう

ナラティブ・バイアス

物事は偶然に起きたという認識

物事には原因があるという認識

仮説H1（帰無仮説）

偶然

通行手形

仮説H2（対立仮説）

原因

統計学の世界では、偶然と考える「帰無仮説」を否定できないと右側の世界に進ませてもらえない

統計的仮説検定は、観察結果が「偶然ではないことの確認」を要求する

　繰り返しになりますが、1章で解説した二重過程理論（私たちの思考は直感的で無意識的な思考「タイプ1の思考」と分析的で意識的な思考「タイプ2の思考」

---

12) 統計学では、仮説H1は「無に帰したい仮説＝捨てたい仮説」なので帰無仮説、仮説H2は対立仮説と呼びます。

の連携により進められるという考え方) に基づくバイアス軽減の基本戦略は、「『タイプ1の思考』を『タイプ2の思考』で合理的にオーバーライド (上書き) すること」でした。統計的仮説検定は、心が右側 (物事には原因があるという発想を疑わない世界) へ進もうとすることに待ったをかけてくれる (オーバーライドしてくれる) 存在なのです。

 ## インヒアランス・ヒューリスティックへの対抗策

　インヒアランス・ヒューリスティックは「ある出来事の背景を考える際、その出来事固有の情報に飛びつく思考のショートカット」でした。このために「偶然」も「外的要因」も、どちらも過小評価されてしまいます。

　これに対抗するには、逆の動きを意識しなくてはいけません。

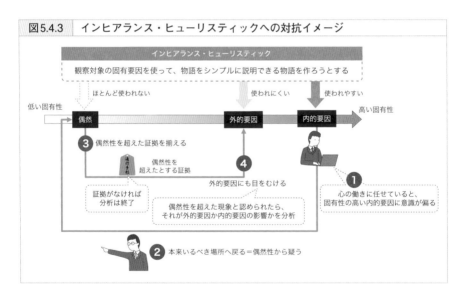

図5.4.3　インヒアランス・ヒューリスティックへの対抗イメージ

　具体的に考えてみましょう。例えば、お餅売場で働いていて、お正月に向けた12月商戦期の売上向上企画とその効果測定を考えているとします。私たちの望む物語は「企画によって売上が向上した」というものです。特に説明は不要だと思いますが、お餅は12月によく売れます。平成25年の総務省統計局のデータによれば、年間の約6割が12月に売れているそうです。

ここで、売上向上企画の企画者や、企画者に依頼されその企画効果を分析する者が、売上などのビジネス数値を管理しているマネージャーに「企画には効果があった」と科学的に主張するには[13]、❶自分たちの企画内容にばかり意識を傾けないことです。そして、❷自分たちが何もしなくても売上はランダムに変動することを思い出し、❸どうしたらその偶然の変動幅を推定できるかを考えます。なぜなら、この幅がわかれば偶然ではなく自分たちの企画の結果として、売上が向上したという根拠（通行手形）を手に入れられるからです。

ここで注意してほしいのは、❹自分たちの企画以外にも、同時にお店の売上を向上させるような施策（外部要因）が走っていないかを確認することです。大きな企業になる程、店舗の施策と本社の施策が別々に考えられていることもあるからです。

図5.4.4をご覧ください。これは上記❷と❸を検討した結果、自分たちが何もしなくても売上がどの範囲で変動するかを表していて、この上限部分を超えたら、少なくともその分は自分たちの施策と外部の複合要因によって得られた効果となる部分です。

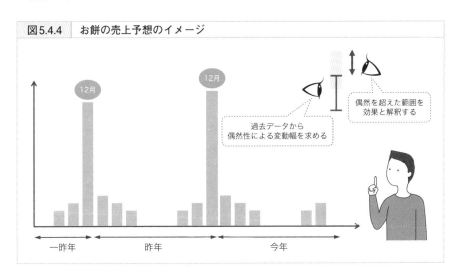

図5.4.4　お餅の売上予想のイメージ

12月

12月

過去データから
偶然性による変動幅を求める

偶然を超えた範囲を
効果と解釈する

一昨年　　　昨年　　　今年

13）分析者と分析依頼者との距離が近いと両者は内集団となりやすく、売上向上時の理由を「自分たちの企画」に求めがちです。これは内集団奉仕バイアスとインヒアランス・ヒューリスティックの混ざった偏った推論です。

分析手法は様々に存在しますが、偶然の変動、外的要因による変動、内的要因（特に自分たちの企画）による変動といった3つの変動を理解して、それぞれの変動の推定方法について関係者と合意を取ることが大切なのです。

5.4 のまとめ

- 自己認識力を定量化し管理するためには、データ分析が役立つ。
- 偶然性を考慮することが認識由来のバイアス軽減策になる。
- 内的要因にだけ固執せず、偶然性や外的要因にも目を向ける。

第6章

判断由来のバイアスの罠

物事を「自分と切り離して」分析し判断する難しさ

　　データに基づき客観的に判断をしているつもりでも、私たちには「自分の考えに都合の良い情報を探す傾向」があります。そのため、自分の思ったような公平で正確な判断に至らないことがあるのです。この他にも、判断に至る推論過程の至る所に認知バイアスは影響しています。

　　この章では、判断の働きに由来する認知バイアスの特徴と具体的なバイアス軽減策について学ぶことで、より正確な判断の実現を目指します。

6.1 確証バイアスの影響を知る

 確証バイアスの弊害

　私たちには「自身の考えを主張するための情報を探そうとする一方で、それに反する情報には近づこうとしない傾向」があり、これを**確証バイアス(confirmation bias)**と言います。まずは次の事例をご覧ください。

事例 | **スペインのマドリード列車爆破事件犯の誤認逮捕**

　2004年3月11日、マドリードの通勤列車が爆発されるテロが起きました。起爆装置の入ったビニール袋から採取された潜在指紋[1]を元に、米国連邦捜査局（FBI）はオレゴン州出身のイスラム教徒ブランドン・メイフィールドを拘束します。彼は、2001年の米国同時多発テロの後、FBIの監視リストに入っていました。

　逮捕の決め手は、潜在指紋がFBIのデータベースに登録してあった標本指紋と一致したためです。その後、彼は弁護団側の鑑定士に再鑑定を依頼しますが、その鑑定士もまた指紋が彼のものと同意しました。

　ところが、この決定的と思われた状況から事態が急変します。スペイン当局が、その指紋はアルジェリア人のウーナン・ダウドのものと特定し逮捕したのです。メイフィールド氏は、FBIから公開謝罪を受けると共に身柄を解放されました。

　この顛末から、読者の皆さんは「イスラム教徒への偏見」という物語（ナラティブ）を構成したくなったかもしれません。しかし、物事を単純化し過ぎるのは、前章で学んだナラティブ・バイアス（シンプルでわかりやすい説明を好む傾向）の悪い癖です。後に米国の監察総監室OIG[2]は、この誤認逮捕に関する通称「ブラ

---

1)　粉末などを使った物理的方法や化学的方法によって採取された、目には見えない指紋のことです。

2)　OIGはthe Office of the Inspector Generalの略で、米国連邦機関や州機関の非効率的または違法な業務の防止を目的とした監督部門です。

ンドン・メイフィールド事件」の調査レポートの中で、鑑定士たちの判断の誤りの背後に潜む**確証バイアス**の存在を指摘したのです。

以降、以下2つの観点から確証バイアスについて解説していきます。

①**循環論法**による偏った証拠の発見と、重要証拠の見逃し
②**偶然性の軽視**による、再現性の低い証拠への過度な依存

 ## 循環論法

鑑定士の判断上の問題としてOIGの挙げたものが、**循環論法（circular reasoning）**です。循環論法とは、❶自分好みの結論から逆算的に証拠を得ておきながら、❷その証拠がお目当ての結論を支持していることをもって、その結論の妥当性を主張することです。

これを競馬で例えるなら、レース結果を知った状態で、レース前のパドック映像（レース前に馬を周回させ馬の状態を確認できる映像）を見て、その馬が勝つ理由をもっともらしく語っているようなものです[3]。

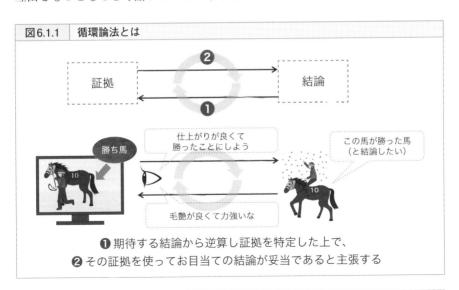

図6.1.1　循環論法とは

証拠　❷→　結論
　　　❶←

仕上がりが良くて勝ったことにしよう

この馬が勝った馬（と結論したい）

勝ち馬

毛艶が良くて力強いな

❶期待する結論から逆算し証拠を特定した上で、
❷その証拠を使ってお目当ての結論が妥当であると主張する

---

3) これは2章で紹介したHARKingと同じ推論です。HARKingという言葉が特に注目されるようになったのは、スター研究者による論文データの捏造問題など物議を醸す年となった2011年以降です。

もしこのような推論が許されれば「決めつけ捜査」が横行してしまいますから、その危険性は容易に想像することができるでしょう。犯罪捜査に限らず、理想的な分析的推論とは「証拠（データ）から犯人（結論）」を導き出すものでなければなりません。

　このケースでは、メイフィールド氏と爆弾魔ダウドの指紋がとても似ていたため（両者の指紋の重要特徴点が10点も一致）、本来であれば未だ証拠を積み上げるべき段階なのに、鑑定士たちは「これは決まりだ」という心理状態に至ってしまい、その後はその心理的結論にとって都合の良い証拠が重視されるようになってしまったのです。

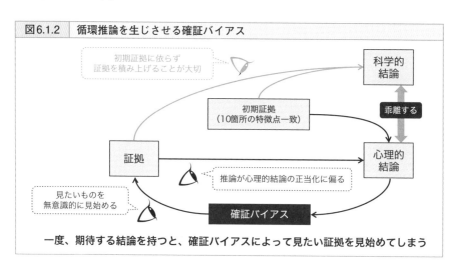

図6.1.2　循環推論を生じさせる確証バイアス

初期証拠に依らず
証拠を積み上げることが大切

科学的
結論

初期証拠
（10箇所の特徴点一致）

乖離する

証拠

心理的
結論

見たいものを
無意識的に見始める

推論が心理的結論の正当化に偏る

確証バイアス

一度、期待する結論を持つと、確証バイアスによって見たい証拠を見始めてしまう

見逃された証拠

　メイフィールド氏と真犯人の指紋はとても似ていましたが、OIGレポートは同時に「両指紋には『微妙だが重要な違い』が存在していた」ことを指摘しています。そして、鑑定士の注意はこの違いに向けられるべきでしたが、そうはなりませんでした。これも確証バイアスの典型的な症状で、自身の好みの結論に一致しない情報には注意が向かない、または指摘されてもそれを過小評価するという傾向があります。

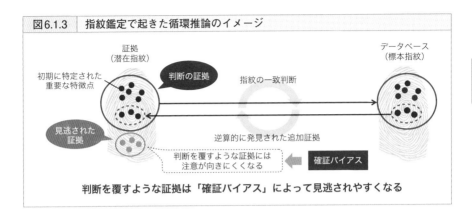

図6.1.3　指紋鑑定で起きた循環推論のイメージ

判断を覆すような証拠は「確証バイアス」によって見逃されやすくなる

　確証バイアスへの対処については改めて取り上げますが、ここで思い出したいものが**アレクサンダーの質問**（4.4で紹介した情報収集時の考え方）です。これは「自分の考えに『整合しないデータ』を積極的に探すように推奨した」情報収集時の考え方で、確証バイアスによって偏った注意を是正するためにも使うことができます。

偶然性の軽視

　印鑑を押すたびに線の太さなどが変わるように、指紋も微細な特徴ほど、採取のたびに偶然に変化してしまいます。この微細な特徴のことを**レベル3の特徴**と呼びますが、先のOIGレポートによると、メイフィールド氏の誤認逮捕時の根拠となった証拠は、このレベル3の特徴に過度に依存していたことが指摘されています。

　具体的に解説しましょう。今回の事例で証拠に採用された標本指紋は、メイフィールド氏が10代の時に採取された回転指紋（指を回転させながら採取した指紋）で、FBIはこの指紋の他にも2つの照合可能な指紋を有していました。1つは回転指紋と同日に別方式で採取された平面指紋、もう1つは彼の軍務に関連し採取された指紋です。そして、FBIの鑑定士が「信頼できるとしたレベル3の特徴」は、最初の回転指紋を除いてどれも一致していなかったのです。

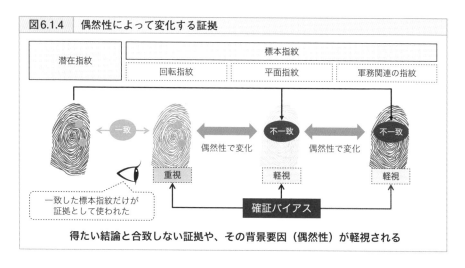

図6.1.4　偶然性によって変化する証拠

得たい結論と合致しない証拠や、その背景要因（偶然性）が軽視される

　これは指紋採取の偶然性が軽視された結果の判断ミスで、不一致の証拠の存在を過小評価させた心の働きの正体こそが確証バイアスです[4]。

確証バイアスの弊害のまとめ

　図6.1.5は、ここまでの解説をまとめたものです。この中で証拠として過大評価

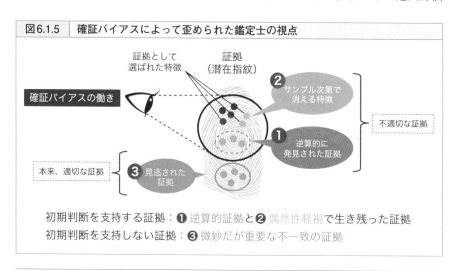

図6.1.5　確証バイアスによって歪められた鑑定士の視点

初期判断を支持する証拠：❶ 逆算的証拠と❷ 偶然性軽視で生き残った証拠
初期判断を支持しない証拠：❸ 微妙だが重要な不一致の証拠

---

4)　都合の良い結果だけが証拠として採用されてしまっている点は、2章で紹介した「チェリーピッキング」と全く
　同じです。

190

されたものは、❶逆算的に発見された証拠と、❷偶然性が軽視され生き残った証拠の2つ、そして過小評価されたものは、❸メイフィールド氏とは一致しなかった「微妙だが重要な証拠」でした。

繰り返しなりますが、これら証拠の採用を分けたものが確証バイアスです。このバイアスは、鑑定士に芽生えた「犯人は決まりだな」という初期判断を支持する証拠を重視し、それを覆すような証拠は軽視するように働きます。

 ## 確証バイアスの正体

フランス国立研究センターの進化認知心理学者ヒューゴ・メルシエらは、「私たちの推論は論争向きにチューニングされている」と考えました。なぜなら、私たちの推論パフォーマンスはテスト問題を解くような無機質な場面では低いのに、「議論の場」になると誰もが熟練した論客になるからです。この変化に注目した彼は、人間の推論を「論理的に真実を追求するものではなく、自分の意見を主張するために『動機付けられた論証装置』である」として、これを支えるための心の働きが確証バイアスの正体だと考えました。

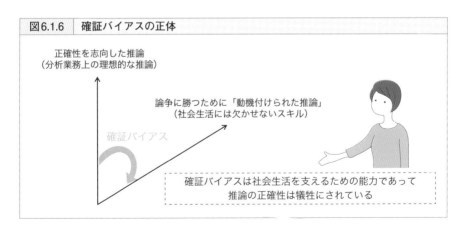

図6.1.6　確証バイアスの正体

正確性を志向した推論
（分析業務上の理想的な推論）

論争に勝つために「動機付けられた推論」
（社会生活には欠かせないスキル）

確証バイアス

確証バイアスは社会生活を支えるための能力であって
推論の正確性は犠牲にされている

つまり、確証バイアスは議論に勝つという目標達成のために**動機付けられた推論**を支えるものということです。もしこの考え方が正しければ、データに基づく合理的な推論結果と、確証バイアスによって偏った推論結果の間に乖離が生じても何ら不思議ではありません。

分析実務者は「正確さ」と「議論に勝つこと（例えば、新規契約を勝ち取るための分析）」の狭間で、両方のバランスを取らなければならないのです。

確証バイアスの強力さ

　確証バイアスは、私たちの視覚や聴覚にも影響を与えます。ある研究実験では、被験者に大人と子供のペア写真を見せ、その類似性を評価させました。その際、大人と子供が親子だと伝えられると、実際には無関係な場合でも、被験者はその顔の類似性に気付くようになりました。

　また別の研究では、実験参加者に音声テープを聴いてもらったのですが、その声の主が犯罪者だと知らされると、参加者は「劣悪で聞き取りにくいテープ」から「より多くの犯罪情報」を聞き取るようになりました。

　見聞きするという、最も基礎的な認知の働きにも作用する確証バイアスの影響力は強力だということがわかるでしょう。

6.1のまとめ

・確証バイアスによって、自身の考えに都合の良い情報を求めやすくなる。
・自身の考えを覆すような情報には注意が向きにくくなる。
・確証バイアスは論争的な環境になるほど、その働きを強める。
・目標達成に動機付けられた状態でも、正確さを求めるバランス感覚が要求される。

6.2 確証バイアス以外の影響を知る

アンカリング

　アンカリング（anchoring）とは「最初に得た情報によって、その後の判断が影響されてしまうこと」を意味する認知バイアスです。例えば、スーパーで「定価」を取り消すように「販売価格」が書かれていると何だか得をした気分になるのは、最初に「定価」を見たことで判断が影響を受けてしまっているからです。

　しかし、私たちは本来、定価情報とは関係なく、商品品質と販売価格のバランスを考慮して商品を選択することなどもできたはずです。

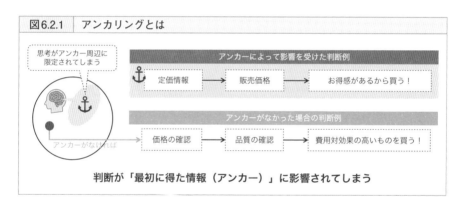

図6.2.1　アンカリングとは

判断が「最初に得た情報（アンカー）」に影響されてしまう

　こんな風に、私たちは「最初に与えられた情報をアンカー（錨：いかり）のようにして、まるでその周辺に縛られたような判断をしてしまう癖」を持っているのです[5]。

　以下、このバイアスの特徴です。

（1）無関係なランダム情報もアンカーになる

　サミュエル・カーティス・ジョンソン経営大学院のエドワード・ルッソ教授ら

---

[5]　優れたプレゼンターは自分でアンカーを仕掛け、聞き手の推論を巧みに誘導する「優れたアンカリングの使い手」だとも言えます。

は、ビジネススクール生を対象にとある歴史年号を聞く実験をしました。

その際、被験者は自分の電話番号の下3桁に400を足すよう要求されます。すると、この数値がアンカーとなり、被験者の回答年号もこれに比例しても上昇していったのです[6]。

またこれとは別の研究で、被験者に自分の社会保障番号の下2桁を挙げさせてからオークションでワインを落札させると、「下2桁が00から19の番号の人」は平均11.73ドルで、「80から99の番号の人」は平均37.55ドルで落札しました。

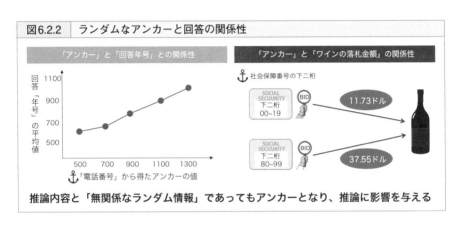

図6.2.2　ランダムなアンカーと回答の関係性

「アンカー」と「回答年号」との関係性

「アンカー」と「ワインの落札金額」の関係性

推論内容と「無関係なランダム情報」であってもアンカーとなり、推論に影響を与える

(2) 情報量を増やしてもバイアスは残る

「年号課題と違ってより多くの情報を伴う判断なら、アンカーの影響は消えるかもしれない」という視点から実施された実験があります。1987年、イリノイ大学ギース・カレッジ・オブ・ビジネスのグレゴリー・ノースクラフト教授らは、現在の不動産サイトにあるような豊富な情報を被験者に提供し、かつ現地見学もさせた上で物件価値を評価させる実験を行いました。この実験のアンカーは物件表示価格で、真の鑑定価格から±4％と±12％の4種類のアンカーが用意されています。

実験の結果は、「被験者の物件評価額は、用意されたアンカーが高い人ほど高くなる」というものでした。現地物件見学を含む豊富な情報を与えたとしても、アンカーの影響は消せなかったのです。

6)　遊牧民族フン族の王様アッティラが倒されたのは何年かを問う問題で、正解は451年です。

（3）専門家もバイアスに影響される

　（2）の実験には、もう1つの検証軸がありました。それは「専門性の影響」です。被験者は不動産の素人（学生）と専門家（不動産鑑定士）から構成され、専門家ではアンカー影響が弱まるのではないかと期待されたのですが、結果は「専門家も素人同様にアンカーの影響を受ける」でした。

　バイアス軽減の視点からは残念な結果でしたが、代わりに別の知見が得られました。それは「専門家の自己認識の低さ」です。専門家は「判断途中に物件表示価格を参考にしたか」という質問に対して「参考にしていない」との回答が素人よりも明らかに多かったのです。つまり、専門家は素人と比べてアンカーの影響に無自覚的か、それを認めたがらなかったということがわかります。

（4）真面目に考えるとバイアスが増える

　通常、気分が軽いときはヒューリスティックが使われる＝熟慮されにくくなり、バイアスが生じやすいと言われています。例えば、幸福感の高い陪審員は、ステレオタイプに基づく偏った判断が増えるとされています。ところが、アンカリングはこれとは逆に働くのです。

　つまり、幸福感が高いとアンカリングは弱まり、逆に悲しいなどのネガティブな感情のときには強まります。これは、ネガティブなときほど、徹底的に情報（最初の情報＝アンカーも含む）が処理されるようになるためと考えられています[7]。

　このバイアスの作用の仕方は、認知バイアスの中では特殊です。なぜなら、繰り返しになりますが、アンカリング以外のバイアスは、普通は熟慮した方がその影響が軽減されるからです。

アンカリングの特徴

- ・判断と無関係な情報もアンカーになる
- ・判断のための情報量が増えても、アンカーの影響は消せない
- ・専門家もアンカーの影響を受け、素人以上にそのことに対して無自覚である

---

7)　ドイツの心理学者ビルテ・エングリッチ教授らによる2009年の研究では、ネガティブな感情の際にアンカリングが強まるのは一般人だけで、専門家はこの例外であることが確認されました。

・他のバイアス軽減には役立つ熟慮的な思考も、アンカリングには逆効果となる

 ## 早期閉鎖と探索満足

推論の入口で作用するものがアンカリング、推論途中で作用するものが確証バイアスだとすると、ここで紹介する**早期閉鎖**（premature closure）と**探索満足**（search satisficing）は推論の出口近辺で作用するバイアスです。

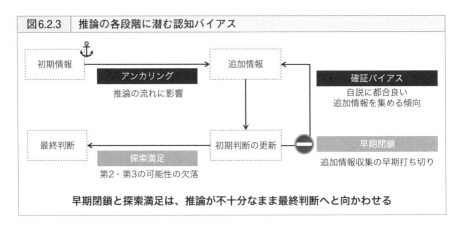

図6.2.3　推論の各段階に潜む認知バイアス

早期閉鎖と探索満足は、推論が不十分なまま最終判断へと向かわせる

早期閉鎖は、まだ追加で収集する価値のある情報（例えば、病気の追加検査の必要性）を過小評価し、手元にある情報だけで最終判断へと向かわせます。一方の探索満足は、一度物事を説明できる考え方に辿り着くとそれに満足してしまい、第2・第3の可能性（例えば、主犯の他に共犯がいる可能性）の探索意欲を低下させます。

とはいえ、物事を深く考える必要がある際には厄介な早期閉鎖や探索満足も、日々の生活では私たちを**決断疲れ**（decision fatigue）から守ってくれています。例えば、レストランでメニューを決めるときに全てのメニューを見たりしないし（早期閉鎖）、前菜やメインなど、あらゆる組み合わせを考慮して決めたりもしないでしょう（探索満足）。思考を賢く打ち切って認知資源を節約する方が、円

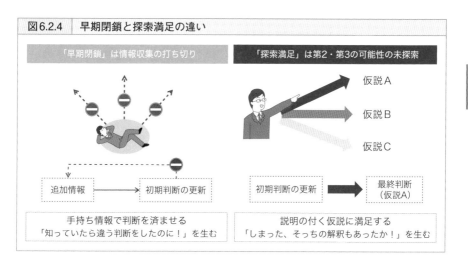

図6.2.4　早期閉鎖と探索満足の違い

「早期閉鎖」は情報収集の打ち切り

「探索満足」は第2・第3の可能性の未探索

仮説A
仮説B
仮説C

追加情報　⟶　初期判断の更新

初期判断の更新　⟶　最終判断（仮説A）

手持ち情報で判断を済ませる
「知っていたら違う判断をしたのに！」を生む

説明の付く仮説に満足する
「しまった、そっちの解釈もあったか！」を生む

第6章
判断由来のバイアスの罠

滑な日常生活のためには役立つからです[8]。

　しかし、この傾向を専門的判断の場でそのまま転用するのは危険です。研修医を対象とした、ある臨床シミュレーション実験によると、研修医に最も多く見られたバイアスは探索満足で検証事例の90%、次いで早期閉鎖が79%、アンカリングが76%と続きました。

　専門的判断の場面では、日常の賢い思考の使い方が「思慮不足」に繋がるということです。

自信過剰の3類型

　本節最後のテーマとして、より良い判断を妨げ得る「自信過剰」を取り上げます。

　自信過剰（overconfidence）とは「自身の能力の高さや判断の正確さを過大評価してしまう認知的傾向」のことで、いくつかのパターンが存在しています。ここでは、カリフォルニア大学バークレー校ハースビジネススクールのドン・ムーア教授らによる、自信過剰の類型化をベースに解説します。

8）1章で紹介した通り、私たちは日常の多くの時間を無意識的な思考モードで過ごしています。これは「認知資源」の節約のためと考えられています。

図6.2.5　自信過剰の3類型

自信過剰
overconfidence

❶ 自分の能力の過大評価
overestimation
　✓ 自己認識に由来

❷ 他者と比べた自己の過大評価
overplacement
　✓ 自己・他者認識に由来

❸ 判断の正確さを過大評価
overprecision
　✓ 推論・判断の働きに由来

自信過剰には「認識由来のもの」と「推論由来のも」がある

　例えば、すぐ終わると思った仕事にいざ着手してみたら終わらないというのは、図の❶「自分の能力の過大評価」に該当する**自信過剰（overestimation）**です。これは自己認識の甘さに由来するもので、例えば5章で紹介した**コントロールの錯覚**（自分の力が及ばない事柄を制御できる感覚）は、全能的な自己認識を維持するためのものであり、この類型に入ります。

　自己・他者認識に由来する**❷自信過剰（overplacement）**の典型例は、5章で紹介した**優越の錯覚**（自分は集団平均以上の能力を持っているという感覚）や**ステレオタイプ・リフト**（否定的なステレオタイプで他者集団を理解することで、自分たちの優位性を感じる）です。

　ところで、これら2つの自信過剰は「認識由来の自信過剰」として理解できるため、ここからは推論・判断の働きに由来する**❸自信過剰（overprecision）**について掘り下げていきましょう。

判断の正しさの過大評価

　簡単な体感実験から始めたいと思います。

　多くの方が「フロレンス・ナイチンゲール」[9] の名前を聞いたことがあると思いますが、ここでは「彼女が生まれた年」を予想してみてください。ピンポイントである必要などありません。「9割程度、正解できそうな区間」を思い浮かべても

9)　彼女は科学的なデータ収集や、分析結果の新しい可視化方法を考案しながら活躍した統計学者としての顔も持っていました。野戦病院で発揮されたその能力は、現代の分析者の役割と何ら変わらないように思います。

らえればOKです。

このように言われると、私たちには「比較的狭い区間で回答する傾向」があります。にもかかわらず、回答の正答率は9割に届かないのです（ちなみに正解は1820年です）。

回答幅を広く取って良いと言われても狭い区間で回答するのは、「この位の幅があれば大丈夫だろう」という過信から来ています。この心の働きを、**妥当性の錯覚**（自分の予測力を過大に評価する認知的傾向）と呼びます。

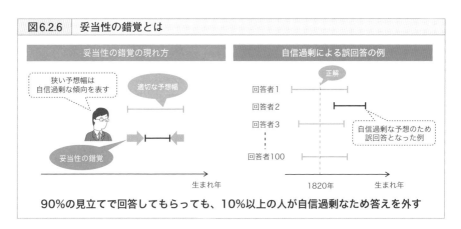

図6.2.6　妥当性の錯覚とは

妥当性の錯覚の現れ方

狭い予想幅は自信過剰な傾向を表す

適切な予想幅

妥当性の錯覚

生まれ年

自信過剰による誤回答の例

正解

回答者1
回答者2
回答者3

自信過剰な予想のため誤回答となった例

回答者100

1820年　生まれ年

90%の見立てで回答してもらっても、10%以上の人が自信過剰なため答えを外す

自信過剰（overprecision）であることの意義

統計学には**信頼区間**という言葉があるのですが、この「幅が広い分析結果の解釈」は曖昧すぎて実務では使えません。例えば、ある従業員の3ヶ月以内の退職確率が1〜99％と言われても、何の役にも立たないでしょう。つまり、私たちが自信過剰なのは、現実世界で思考が停止する＝何の判断もできない状態に陥らないように、少し大胆に（狭い信頼区間で）予測する必要があるためだと考えられます。

専門家に見られる自信過剰

ペンシルベニア大学の心理学・政治学教授のフィリップ・テトロック博士は、

政治や経済の専門家を対象に、その予測力や思考スタイルについて研究しました。彼は8万件を超える専門家の予測例を集め、それらの精度や予測に至った思考の流れ、また予測が外れた場合の対処の方法について分析したのです。

　彼がそこで発見した専門家の姿は、**「ハリネズミとキツネ」**の動物に喩えられました。この喩えは哲学者アイザック・バーリンのエッセイ（1953年）のタイトルから来ていて、元々は古代ギリシャの詩人アルキロコスの言葉「キツネは多くのことを知っているが、ハリネズミは1つの大きなことを知っている」に由来します。

　この表現を使って、テトロック教授が伝えようとした両者の違いは次のような特徴です。

> ・**キツネ型の専門家**：世界は複雑で曖昧なものと割り切って世界を見る
> ・**ハリネズミ型の専門家**：自分のお気に入りの理論を使って世界を見る

（1）情報処理の違い

　キツネは、データと自分の考え方（信念）に離齬があれば、それを自分の信念に取り込もうとします。一方のハリネズミは、世界がどんな風に働くかの強固な理論を持っているので、その理論を展開するために必要な情報を選別しようとします。そして、データと理論に離齬があっても自分の信念を揺るがすものではないと考える傾向があり、容易には信念が変更されません。

　この違いを図解したものが図6.2.7です。

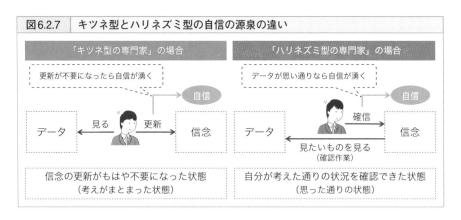

図6.2.7　キツネ型とハリネズミ型の自信の源泉の違い

キツネはデータから帰納的に学習（信念を更新）して、自分の信念を大きく変える必要がなくなったら自信を持てるようになります。彼らはハリネズミに比べるとあまり高い自信を持たないのですが、それは「複雑な社会の事柄間には矛盾があり、シンプルな理論では説明できない」と認識しているからです。

　一方のハリネズミは、世界をもっと単純に見ています。彼らの感覚では「真に重要な事柄」に注目しているのであって、それを「過度な単純化」とは思っていません。なので、重要事項の間に矛盾がない限り、細かい情報の矛盾はノイズとして過小評価し[10]、長期的にはいずれ自分の考え通りの世界になると考える傾向があり、キツネに比べて自信過剰な傾向にあります。

（2）心理特性の違い

　ハリネズミは、**完結欲求**と**構造化欲求**が強い心の持ち主と言われています。完結欲求とは「曖昧さを嫌い、問題に対して答えをすぐ欲しがる欲求」、構造化欲求とは「構造化を好み、ルーチーンを設けたらその中で思考や行動をしたがる欲求」で、これらの欲求が強いと**確証バイアス**も強くなると言われています。

　また、ハリネズミは**後知恵バイアス**も強い傾向があります。これは自分の過去の間違いを忘れ、自身は正しく予測できていたと感じさせるバイアスでした。これにより、ハリネズミは信念を更新する貴重な機会を最大限に活用することができません。

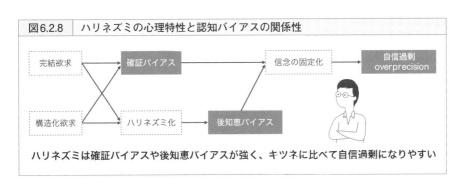

図6.2.8　ハリネズミの心理特性と認知バイアスの関係性

ハリネズミは確証バイアスや後知恵バイアスが強く、キツネに比べて自信過剰になりやすい

　分析者は、分析時にはキツネの精神を、分析結果を誰かに伝える際にはハリネ

10）2章で学んだ言葉を使うと、ノイズは偶然誤差です。専門家は（ランダムで制御しきれない）偶然誤差よりも、系統誤差に重きを置くのが普通でした。

ズミの精神を使えるハイブリッド型を要求されがちです。ただ、人によって心理特性は違いますから、自分なりのスタイルを確立できれば良いのではないでしょうか。

6.2のまとめ

- ・推論の各段階（入口・途中・出口）で異なる認知バイアスが働いている。
- ・アンカリングは他のバイアスと異なり、熟慮するとその作用が強まる。
- ・自信過剰には、認識由来のものと判断由来のものが存在する。
- ・自分の理論（世界の見方）を持った専門家は、特に自信過剰に注意すべき。

6.3 集団レベルにおける判断由来の認知バイアス

◈ 集団における確証バイアスの影響

　個人の判断に影響を与えた**確証バイアス**は、集団になっても同じように作用するだけでなく、時にはその作用を強めることが知られています。ドイツの社会心理学者ディーター・フレイ教授らの研究によると、集団下で確証バイアスの影響が強まる条件は以下の3つだそうです。

> ①グループにトップダウン型なリーダーがいる場合
> ②グループのリーダーがその判断を示した場合
> ③集団が同質的メンバーで構成されている場合

　組織のリーダーは「目標を設定する人」であること、そして確証バイアスは（議論に勝つという）目標達成のために動機付けられた推論を支えるものだったので、上記①と②は理解しやすいと思います。そこで、特に3つ目の「集団構成によるバイアスの悪化」について、ペンシルベニア州立大学のグレゴリオ・コンヴェルティーノ博士らによる研究事例（2008年）を使って解説していきたいと思います。

(1) 同質集団と異質集団の準備

　この研究で扱われたテーマは、1989年に起きた米海軍戦艦アイオワの爆発事故[11]でした。当初この爆発は、ある乗務員の自殺が原因ではないかと疑われ、最終的には事故と判明しています。初期判断の違いをどう是正すべきか、またその際の確証バイアスの影響を調べるにはとても実践的なテーマと言えるでしょう。

　研究の中で用意された爆発原因の仮説は、①過失（火薬の詰め込み過ぎ）、②事故（静電気による発火）、③自殺、の3つでした。これらは実際の調査でも検証されたもので、被験者はこの中のどれが本当の原因かを「実験者に与えられた情報」

---

11) 1989年4月、カリブ海の射撃訓練中に起きた爆発事故で47名が死亡しました。最初は1人の乗務員の自殺が原因と見られましたが、調査の結果、事故だと判明しました。

から考えるよう指示されました。

　その後、被験者は自身と同じ初期仮説を持つ人たちと一緒の**同質集団**、異なる初期仮説を持つ人たちと一緒の**異質集団**、ただの**個人の群れ**（互いに会話のできない集団で、会話のできる他集団との結果比較のために準備された見せかけの集団）という異なるタイプの集団に割り当てられました。

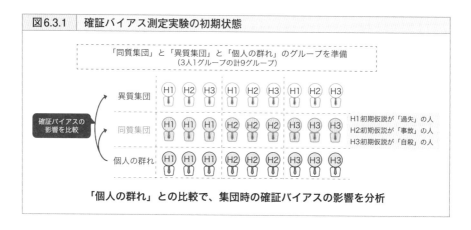

図6.3.1　確証バイアス測定実験の初期状態

「個人の群れ」との比較で、集団時の確証バイアスの影響を分析

（2）確証バイアスのない状態

　実験では情報が4回に分けて与えられ、これらの情報を合わせるといずれの仮説も同様に正しく感じられるように調整されていました。この狙いは、被験者が確証バイアスに流されず、合理的に判断した際には最終仮説がどれも等しい確率（3つ中の1つなので33%）で選ばれるようにすることです。

　仮に1人が最終仮説を3回選ぶ機会があるなら、その内の1回は初期仮説と最終仮説が一致します。なので、1人1回の選択機会であっても、3人に同時に選ばせれば、その内の1人は両方の仮説が一致することになります。つまり、確証バイアスがない状態では「被験者の3人に1人」が、初期仮説と同じ最終仮説になるということです。

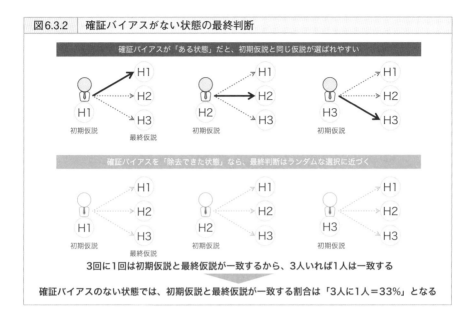

図6.3.2　確証バイアスがない状態の最終判断

確証バイアスが「ある状態」だと、初期仮説と同じ仮説が選ばれやすい

確証バイアスを「除去できた状態」なら、最終判断はランダムな選択に近づく

3回に1回は初期仮説と最終仮説が一致するから、3人いれば1人は一致する

確証バイアスのない状態では、初期仮説と最終仮説が一致する割合は「3人に1人＝33％」となる

（3）確証バイアスの測定結果

　図6.3.3をご覧ください。縦軸は「初期仮説と最終仮説が一致した被験者の割合」で、これが33％の場合は確証バイアスのない状態だと解釈できます（理論上の最小値です）。

　この実験の結果は、①同質集団は追加情報が与えられるに従い確証バイアスの影響が強まり、②異質集団は同質集団よりはマシだが個人の群れとは変わらない、というものでした。

　同質集団では、与えられた情報の中の「自分たちに都合の良い情報」が同じため、集団内で自分たちの推す仮説がますます支持されていったと理解できます。一方の異質集団では、期待された議論の効果は見られませんでした。少なくとも、考えの違う人たちの混成チームを作ることは、確証バイアスへの特効薬にはならなかったのです。

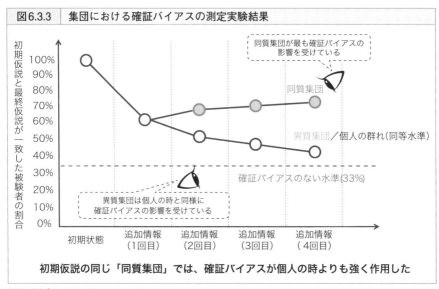

図6.3.3　集団における確証バイアスの測定実験結果

初期仮説と最終仮説が一致した被験者の割合

100%
90%
80%
70%
60%
50%
40%
30%
20%
10%
0%

同質集団が最も確証バイアスの影響を受けている

同質集団

異質集団／個人の群れ（同等水準）

確証バイアスのない水準（33%）

異質集団は個人の時と同様に確証バイアスの影響を受けている

初期状態　追加情報（1回目）　追加情報（2回目）　追加情報（3回目）　追加情報（4回目）

初期仮説の同じ「同質集団」では、確証バイアスが個人の時よりも強く作用した

出所：論文「The CACHE Study: Group Effects in Computer-supported Collaborative Analysis」（Gregorio Convertino et al.）を参考に著者がアレンジ

共通知識効果

確証バイアスが異質集団では個人時と変化しなかった理由を考えてみましょう。

ここで紹介する**共通知識効果**（common knowledge effect）とは、「集団のほとんど全ての人が持っている共有情報は、一部の人しか持っていない独自情報（非共有情報）に比べて、集団の判断に大きな影響を与える」というものです。

一般的に「重要情報ほど共有されやすい」と考えるのは自然なことですが、対して「共有情報ほど重要である」と考えることは正しくありません。それにも関わらず「共有情報は非共有情報より価値がある」と、情報価値に対する評価を偏らせてしまうことが、この共通知識効果の背景にあると考えられます[12]。

ドイツの心理学者フェリックス・ブロッドベック教授は、これを**評価バイアス**（共有情報は非共有情報より価値があると偏って評価してしまう認知的傾向）と名付け、共通知識効果の原因と考えました。

12) 4章で解説した利用可能性ヒューリスティックの働きと一緒で、私たちの心は「ロジックの反転」には寛容な傾向があります。

このバイアスによって共有情報が過大評価され、結果として私たちが議論に期待する「各人独自の見解や情報」が、議論の場に反映されにくくなってしまうのです。

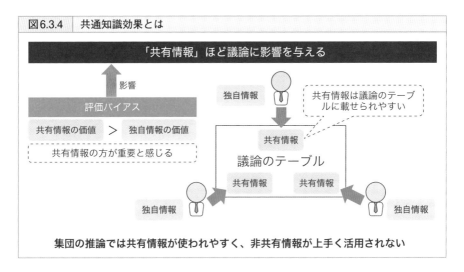

図6.3.4　共通知識効果とは

「共有情報」ほど議論に影響を与える

影響

評価バイアス

共有情報の価値　＞　独自情報の価値

共有情報の方が重要と感じる

独自情報

共有情報は議論のテーブルに載せられやすい

共有情報

議論のテーブル

共有情報　　共有情報

独自情報

独自情報

集団の推論では共有情報が使われやすく、非共有情報が上手く活用されない

先の米海軍戦艦アイオワの爆発事故をテーマにした「異質集団」の議論が確証バイアスの軽減に至らなかったのは、被験者全員に同じ情報を与えられたため、そもそも独自情報が存在しなかったこと、そして被験者の考え方の違いが実験によって人工的に作られた即席のものだったことが影響していると考えられます。

つまり、集団の議論で個人のパフォーマンスを越えるには、各自に根差した独自の情報や見解を出し合うことで評価バイアスを乗り越える必要があるのです。

集団で判断する際の注意点

最後に、確証バイアス以外にも目を向けてみましょう。集団レベルのバイアスで、推論・判断に影響を与えるものに対する注意点を紹介します。

（1）フォルス・コンセンサス効果
フォルス・コンセンサス効果とは、「自分の考え方や判断こそが、集団の中では典型的なものであると思い込む」ことです。ここでの「典型的」というのは悪い

意味ではなく、バランスの取れた偏りのないというニュアンスです。「みんなが自分のように考える」と考える癖は、実際にはわからない他者の心理を補いながら推論を進める助けになります。しかしこれが過ぎると、他者を正しく理解できず、他者から独自情報を受け取る機会を逸することになるでしょう。

（2）リスキーシフト

　リスクを取るタイプの人は、集団内でリーダーになりやすいです。そしてリーダーがリスキーな行動を取ろうとすると、元は冷静な集団も通常では許容しないようなリスクを取りがちになりますが、これを**リスキーシフト**と言います。例えば、2018年のサッカーワールドカップの日本代表とベルギー代表の一戦は、試合終了間際に日本側が「得点を求めたリスクの高いプレー」を選択した結果、逆に相手の攻撃を喰らい敗北しました。普通に戦って延長戦に突入していたらどうなったかは誰にもわかりませんが、集団構成（リーダー格の心理特性）によっては別の結果もあったでしょう。

（3）診断への勢い

　医療の世界では、「診断への勢い」というバイアスが知られています。例えば、救急患者が医師のもとに運ばれる間に下された（救急隊や看護師の暫定的な）判断が、最終的な医師の診断結果に影響を与えるというものです。これは、**アンカリング**の集団バージョン、つまり「**他者の初期判断**に、その後の誰かの推論が影響される」ものと言えます[13]。

　他者の判断結果を受けて自分も判断する場合、最終判断の責任の所在を曖昧にしていると、推論が流され正確な判断に至ることが難しくなるのです。

---

13) 社会心理学では集団心理、行動経済学ではバンドワゴン効果と呼ばれるものに相当します。

6.3のまとめ

・確証バイアスは、集団で議論し判断する場合にも作用する。

・特に同質な集団で構成されていると、確証バイアスの作用は強まる。

・皆が共有している情報は、そうではない情報よりも価値があるように扱われる。

・他者の判断を受けてから自身が判断をする場合、判断を誤る可能性が高まる。

6.4 判断由来のバイアスの軽減戦略

競合仮説分析

確証バイアスを中心に、これまで取り上げた認知バイアスへの対処について解説していきます。

競合仮説分析（**Analysis of Competing Hypotheses**）は、主に確証バイアスに対処すべく、米国の中央情報局（CIA）内で使われている分析方法論です。分析者がデータから抽出した知見＝証拠を統合して、最終的な判断を下す際に役立てられています。

（1）競合仮説分析の形式

競合仮説分析では、行方向に**証拠**（データから得られた知見）、列方向に**仮説**（最終判断の結論候補）を並べます。例えば医師の診断なら、仮説には病名、証拠には患者からの訴えの内容や検査結果が並べられます（各証拠の評価＝図のオレンジ色部分については後述します）。

図6.4.1	競合仮説分析のフォーマット

	仮説1	仮説2	仮説3	
証拠1				評価の種類
証拠2		証拠の評価		・ 支持する ・ 支持しない
証拠3				・ 中立

競合仮説分析は、縦方向に証拠（データ）、横方向に仮説（結論候補）を並べることから始まる

（2）証拠を評価する時のポイント

仮説の準備で大切な点は「最初に可能な限り仮説を列挙すること」です。6.2で紹介した**探索満足**を思い出してください。私たちは、物事を説明できる考え方（仮説）に一度辿り着いてしまうとそれに満足し、第2・第3の可能性を探るのを止め

てしまう癖を持っていました。

　よって、最初に可能な限りの仮説を準備して競合仮説分析の形状を横長にしておくことが、探索満足に陥らないための予防につながります。

図6.4.2　仮説を増やす意義

第2・第3の可能性を逃さないため、
最初にできるだけ仮説を挙げることが大事

「探索満足」への対処

	仮説1	仮説2	仮説3	- - - - -	仮説N
証拠1					
証拠2				- - - - -	
証拠3					

---

(3) 証拠を増やす時のポイント

　証拠は、いかにして増やすかが大事ですが、自分の本命仮説を「支持する証拠」ばかりを集めて増やすことは避けねばなりません。なぜなら、これは**確証バイア**

図6.4.3　証拠を増やす時のポイント

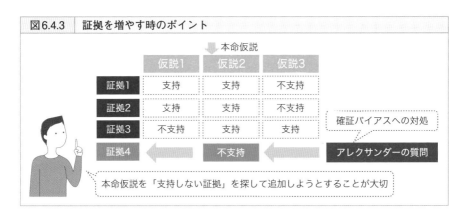

　本命仮説

	仮説1	仮説2	仮説3
証拠1	支持	支持	不支持
証拠2	支持	支持	不支持
証拠3	不支持	支持	支持
証拠4		不支持	

確証バイアスへの対処

アレクサンダーの質問

本命仮説を「支持しない証拠」を探して追加しようとすることが大切

スの働きそのものだからです。

　ではどう増やすのかと言えば、4章で紹介した**「アレクサンダーの質問」**に準じることです。これは、「自身の本命仮説を支持しない証拠」を積極的に探そうとする情報収集時の考え方でした。判断に役立つ証拠とは、分析者の思い込みを是正してくれる証拠だということです。

（4）証拠の評価時のポイント

　証拠に対する評価は、証拠が仮説を「支持する」のか「支持しない」のか、または「どちらとも言えない（中立）」のかの3択で行います。この際、最も丁寧に判定して欲しいのは「支持しない」の評価です。なぜなら、競合仮説分析は、確証バイアスによって集まりやすい「（本命仮説を）支持する」証拠を重視せず、代わりに「支持しない」証拠を重視する設計になっているからです。

（5）最終判断時のポイント

　最後は、仮説の選定（つまり判断）です。競合仮説分析の主目的は確証バイアスの軽減なので、分析者は「不支持の証拠が最も少ない仮説」を選ぶように言われるのですが、「支持する証拠が最も多い仮説」を選ぶわけではない点がポイントです。これが、「自身のお気に入りの仮説」に都合の良い仮説ばかりを探索する確証バイアスへの最終的な備えになります。

　この最終判断時のアンチパターンとして、6.1で解説したFBIの鑑定士の判断の流れを競合仮説分析のフォーマットに落とし込んだものが図6.4.4です。

　特に、この図中のオレンジのハイライト部分に注目ください。指紋鑑定士たちが、❶指紋の重要な特徴点（証拠1）がメイフィールド氏犯人説（仮説1）を支持した時点でこれが本命仮説とされ、❷循環論法により逆算的に発見された特徴（証拠2）によって本命仮説が追認され、更に❸指紋採取の度に変化する微細な特徴（レベル3の特徴）に至っては、都合の良い証拠3だけが採用され、本命仮説の妥当性が主張されました。

　このように、仮説を支持する証拠を連ねることが正しい判断を導くとは限らないのです。

図6.4.4　最終判定時のポイントの意義

		仮説1 メイフィールド氏	仮説2 メイフィールド氏と指紋と似た別人
証拠1	指紋の重要な特徴点	❶ 支持	支持
証拠2	逆残虐的に発見された特徴	❷ 支持	中立（どちらとも言えない）
証拠3	レベル3の特徴（回転指紋）	❸ 支持	中立
証拠4	レベル3の特徴（平面指紋）	不支持	中立
証拠5	レベル3の特徴（軍務指紋）	不支持	中立

仮説を支持する証拠の多さを追求しても、正しい判断に到達できるとは限らない

仮説を支持する証拠を連ねても正しい判断には至らない

「証拠1が仮説1を支持した時点」で仮説2が鑑定士の頭から消えてしまった

論理的誤謬のチェック

　競合仮説分析を行うのが大変そうな場合には、以下に紹介する論理的誤謬[14]に陥っていないかをチェックしましょう。競合仮説分析で予防しようとした、個別の認知バイアスや注意点を思い出すのに役立てて欲しいからです。

（1）可能性に訴える論証（appeal to probability）

　可能性に訴える論証とは、「可能性があることを理由に、極端な結論を主張する」という論理の飛躍です。例えば、以下の主張を見てください。

> 悪いことをしたら、御天道様に見られる可能性がある。
> つまり、いつ御天道様に見られていてもおかしくない。
> だから悪いことはしない方がいい。

　御天道様を信じていなくても、この言説を否定する人は少ないと思います。そして、正しい論理の形式をしていれば、言説内容が変わっても結論は変わらないはずでしょう。

14）論理的誤謬とは、証拠から結論を導く論証の過程において、証拠の使い方に論理的または形式的な誤りがあることを表す言葉です。

では、論理形式はそのままに以下のような内容にしたら、あなたは受け入れられるでしょうか？

> 外出したら車に轢かれる可能性がある。
> つまり、いつ車に轢かれてもおかしくない。
> だから外出しない方がいい。

この結論は、まず受け入れられないと思います。

このように、論理展開は同じなのに受け入れられるケースもあれば受け入れられないケースもあります。つまり、この論証形式自体には妥当性はなく、心の中の「既にある結論」に向けてただ追認を迫っているだけなのです。

この本命仮説の追認は、競合仮説分析が正に警戒していた心の働きそのものです。可能性に訴える論証に警戒することは、この心の働きへの警戒心を高めるのに役立ちます。

(2) 誤った二分法の誤謬 (false dilemma fallacy)

これは、実際には様々な選択肢があるのに、極端に単純化された「2つの選択肢」しか考えない誤謬です。例えば「戦争に賛成」か「軍隊に反対」かといった選択肢だけを提示し、「戦争には反対だが、抑止力としての軍隊には賛成」という選択肢を除外するようなケースです。

競合仮説分析は、様々な選択肢（仮説候補）を準備することで、私たちを**探索満足**から守ってくれました。この誤謬に注意することで、探索満足への備えの大切さを思い出しましょう。

(3) 軽率な概括 (hasty generalization)

軽率な概括とは、偏った少数の証拠から過度に一般化された結論を導くことです。例えば「旅行で田舎の人に優しくされたから、田舎に移住したい」というのがこの誤謬の一例です。

この誤謬の注意に際しては、**アレクサンダーの質問**の大切さを思い出しましょう。すると、田舎への移住（お気に入りの結論）を躊躇させるような証拠を集め、それでもその結論を採用するのかと考えられるようになり、後悔の少ない判断が

できるようになります。

バイアス軽減策の実践に向けて

　スタンフォード大学の学生を対象とした「死刑判断を巡る確証バイアスの軽減実験」において、少しの工夫でその効果が変わることが報告されています。

　学生に「証拠を公明正大に評価するように」と伝えても、確証バイアスは全く消えませんでした。ところが「最初に入手した証拠が自分の本命仮説と矛盾していたら、どう考え直すかを検討してください」と指示されると、確証バイアスは消え、新たな証拠を自分の本命仮説の支持を強めることに使わなくなったというのです。

　図6.4.5をご覧ください。上記解説を6.1で取り上げた「FBIの指紋鑑定士のケース」に当てはめたものです。ここでのポイントは、❶レベル3の特徴（平面指紋）が本命仮説（メイフィールド氏を犯人とする仮説）を支持しないことを一番最初に知ったら、どう分析を進めただろうか？と想像することです[15]。すると、❷一番最初の情報の影響力の大きさのため、皆さんの中でも犯人別人説が急浮上して来るのではないでしょうか。

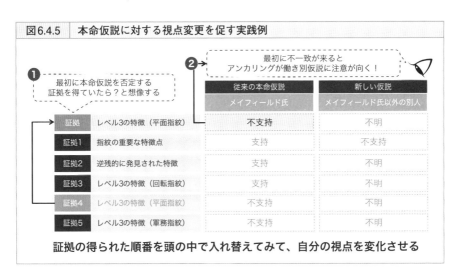

図6.4.5　本命仮説に対する視点変更を促す実践例

証拠の得られた順番を頭の中で入れ替えてみて、自分の視点を変化させる

---

15) 現実では実現しなかったことを、実現したと見立てて推論することを「反実仮想」と呼びます。

これは、6.2で解説した**アンカリング**の作用の結果です。証拠を公明正大に評価しようと言われても消せなかったバイアスが、評価する証拠の順番を変えるといった少しの視点変化から軽減できたのです[16]。

　こういった「ちょっとした視点の変化」で結果を変えられることは、非常に朗報でしょう。皆さんも「小さな工夫には意味がない」などとは思い込まず、地道にバイアス軽減に向けて取り組んでみてください。

6.4のまとめ

- 競合仮説分析を使うことで、各種バイアスに対して同時に対処できる。
- 論争的なときほど、偏った論証（論理的誤謬）を使っていないか確認すべき。
- バイアスの軽減効果は、ちょっとした工夫でも大きくできる。

---

16) この視点変化は「毒を以て毒を制する」の認知バイアス版として理解することができます。つまり、「アンカリングを使って確証バイアスの解消を図る」という試みだったということです。

因果関係の錯覚への対応

科学的な因果関係の
4つの認定基準を知る

　　因果関係の把握は分析業務の中でも特に重要で、分析者はこれを科学的に行うことを期待されています。そこで、まずは私たちの心が感じる「認知的な因果関係」と「科学的な因果関係」との違いに焦点を当て、分析実務に求められる因果関係とはどのようなものかを解説していきます。

　　さらにその後、因果効果の推定や因果メカニズムの解明といった、より実践的な因果を巡る分析テクニックについても踏み込んで解説したいと思います。

7.1 因果関係とは

分析実務に求められる因果関係

　日頃頻繁に使わないにせよ、**因果関係（causality）** という言葉を聞いて理解に苦しむ人は少ないと思います。ただ、私たちが因果関係と感じるものと、科学的な因果関係との間には相当な距離感があると言えます。当然、認知バイアスは科学的な因果関係から私たちを遠ざけるので、この点には特に注意を払わなくてはいけません。

　ここで、私たちには「科学的な因果関係」を純粋に追求する道もありますが、本書ではそれとは違った視点から解説したいと思います。なぜなら、分析実務は精緻な科学とは少し異なりますし、また私たちの心が感じる「認知的な因果関係」にも意義があると考えているからです。そこで、これら2つの因果関係の違いに注目しつつ、以下を目標に解説を進めていきます。

---

①分析者の目標：因果に関するバイアスを学び、分析が非科学的に偏らないようにする

②分析関係者の目標：科学的な因果関係を学び、判断が非科学的に偏らないようにする

図7.1.1 「認知的な因果関係」と「科学的な因果関係」の位置関係

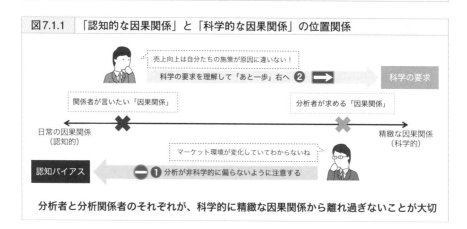

分析者と分析関係者のそれぞれが、科学的に精緻な因果関係から離れ過ぎないことが大切

三た論法

科学的な因果関係の主張には使えないけれど、日常生活ではつい使ってしまいがちな論法に**「三た論法」**と呼ばれるものがあります。例えば「薬を服用した、風邪が治った、薬が効いた」といった主張の仕方で、この中にある3つの「た」の連なりが論法名の由来になっています。

ただ、薬を飲まなくても風邪は治ったかもしれないので、薬を治癒の原因にするには証拠としては不十分です。この論法の弱さを一層際立たせたものが「雨乞い効果」の主張で、「雨乞いをした、雨が降った、雨乞いが効いた」といった滑稽な主張となります。このように聞けば、この論法が科学的に使える代物ではないことは明らかでしょう。

では、なぜこの論法では科学的に不十分なのかと言うと、この論法が「薬を飲まなかった場合」や「雨乞いをしなかった場合」など、つまり、現実には起きなかったけれど実現し得た別の現実、**反事実（counterfactual）**を無視して因果関係を主張しているからです。

ところが、私たちの心には**前後即因果の誤謬**といって「2つの事柄が順序立って起こると、科学的な証拠が示す以上の自信を持って、それらの関係を因果関係と誤認する傾向」があるため、三た論法による主張にも納得してしまうことがあるのです。

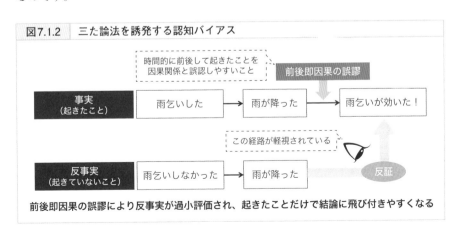

図7.1.2　三た論法を誘発する認知バイアス

時間的に前後して起きたことを
因果関係と誤認しやすいこと

前後即因果の誤謬

| 事実
（起きたこと） | 雨乞いした | → | 雨が降った | → | 雨乞いが効いた！ |

この経路が軽視されている

| 反事実
（起きていないこと） | 雨乞いしなかった | → | 雨が降った | | 反証 |

前後即因果の誤謬により反事実が過小評価され、起きたことだけで結論に飛び付きやすくなる

では、この論証の危うさを自覚し予防するにはどうすればいいのでしょうか？

ここでヒントになるのは、先の2つの主張間に感じた「もっともらしさの感覚の違い」です。おそらく多くの方が「薬が治癒原因になることはあっても、雨乞いが降雨の原因になる訳がない」と強く感じたと思います。

そして、この感覚の差の出所を探ると、それは反事実の推論に対する自信の大小に依存していることに辿り着きます[1]。つまり、雨乞いは「やらなくても雨は降った」と確信できていることで、事実と反事実を自信を持って比較できるため、このもっともらしさの感覚の違いを生んでいるということです。

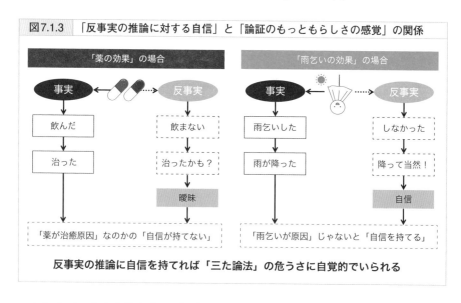

図7.1.3　「反事実の推論に対する自信」と「論証のもっともらしさの感覚」の関係

ここまでの内容を踏まえて「認知的な因果関係」を「科学的な因果関係」に近付けるためのポイントを整理すると、次のようになります。

・事実だけではなく、反事実についても思いを巡らせる
・事実や反事実に思いを巡らせる際に作用するバイアスに注意する

---

1)　反事実に関する推論は、反事実的思考や反実仮想（counterfactual thinking）と呼ばれます。

因果関係の4基準

　因果関係を正しく認識するにあたり、「反事実」を意識することはとても重要なのですが、もちろんそれだけで十分ということではありません。では、具体的にどのような基準が満されたら、私たちは事柄間の関係が「科学的な因果関係である」と主張できるのでしょうか？

　テキサス大学アーリントン校が提供するオープンエデュケーショナルリソースによれば、科学的な因果関係が満たすべき基準は以下の4つで、これらを全て突破する必要があります[2]。

> ①**関連性**：事柄間に「相関関係」があること
> ②**妥当性**：専門的な知識に照らして理に適っていること
> ③**時間性**：原因が結果よりも先んじて起きていること
> ④**非偽性**：偽の関連性（疑似相関）でないこと

　私たちの心は、これらの基準を認定する際に認知バイアスの影響を受けるので、どうしても科学的な判断から逸れやすくなります。裏を返せば、これら基準ごとの認定の際に働くバイアスに注意できれば、認知的な因果関係を科学的なそれに近付けることができるのです。

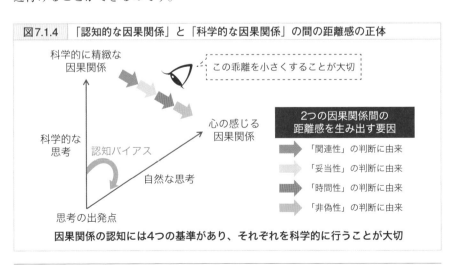

図7.1.4　「認知的な因果関係」と「科学的な因果関係」の間の距離感の正体

因果関係の認知には4つの基準があり、それぞれを科学的に行うことが大切

---

2)　私たちの心の働きとして因果関係を認識し推論する力は、因果関係認知（causal cognition）と呼ばれます。

因果関係の基準①：関連性

　例えば、年齢を重ねると体重が増えるなど、「一方が変化すると他方も変化する」ような場合、これら事柄間には**関連性（association）**があるとか**相関関係**があると言われ、これが因果関係を認識する際の第1の基準となります。

　しかし、私たちには「かなり安直に物事に関連性があると認める傾向」があるため、この点に注意を払って関連性を認定する必要があります。そこで役立つのが、分析時によく使われる**相関係数**です。これは特に「年齢を重ねると体重が増える」や「年齢を重ねると食欲が落ちる」など、一方を増やすと他方も増える（または減る）といった単調な関連性（**線形的な相関関係**）を表現するのに役立ちます。

　ただ、今興味のある相関関係には、機械の故障率のように「新品時からの時間の経過と共にしばらくは低下するが、寿命近くでは再度上昇する」といった**非線形的な相関関係**（変化が単純な増加や減少だけではない関連性）も含まれていて、相関係数だけではすべての関連性（相関関係）を捕捉し切ることができません。

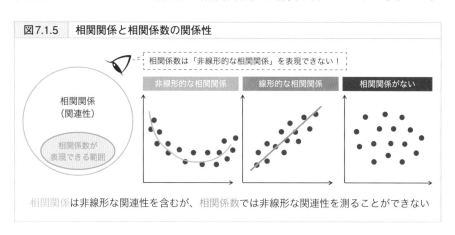

図7.1.5　相関関係と相関係数の関係性

相関係数は「非線形的な相関関係」を表現できない！

非線形的な相関関係　　線形的な相関関係　　相関関係がない

相関関係（関連性）

相関係数が表現できる範囲

相関関係は非線形な関連性を含むが、相関係数では非線形な関連性を測ることができない

　そこで、分析者は様々な手法を使って、この関連性を見逃さないように努力しています[3]。ただ、今注目したい点はこの技術的対処法ではなく、「分析では関連性

---

3)　具体的には、データに特別な加工（前処理）を施したり、機械学習のような分析技術を使うことで、非線形的な関連性の抽出を行っています。

を漏れなく抽出することが難しい一方で、私たちの心は余計な関連性まで認識する」といった、分析と心の働きの真逆の特徴です。もしこの点に対する認識が乏しいと、本来発見したい関連性は見逃され、本来破棄すべき関連性は保持され続けることになるでしょう。

因果関係の基準②：妥当性

因果の第2基準は、**妥当性（plausibility）** です。ここでは、この妥当性判断がどんなものなのかを体感してもらうことから始めたいと思います。

では、「喫煙者の歯は黄ばみやすく、喫煙は肺がんのリスクを高める」という一般的な知識を使って、以下2つの質問への回答をYESかNOで考えてみてください。

質問①：肺がんリスクを予測するのに、歯の色の情報を使うことは妥当か？
質問②：肺がんリスクを低下させるのに、歯を白くすることは妥当か？

期待した回答は上から順に「YES,NO」ですが、いかがでしたか？

口腔内の状況は喫煙状況を反映しますから、歯の色も参考にすれば肺がんリスクの予測精度を高めてくれることが期待できるため、質問①への回答はYESとなります。

一方、口腔内を清潔に保つことは大切ですが、「歯を白くしたら肺がんリスクが低下する」という主張には違和感を覚えます。少なくとも、もっと明確な根拠がないと、肺がんリスク低減のために歯を白くしようとは思わないでしょう。

このように、私たちは「歯の色と肺がんリスクの間の関連性」を利用して物事の予測に役立てようと考えても、「歯の色を変えれば、肺がんリスクを変えられる」とは考えないのです。

ここまでの解説内容を整理すると、以下2つの「因果の妥当性判断のための質問」を作ることができます。質問①への回答は、因果の第1基準（関連性）を突破している時点でYESとなるはずですが、妥当性判断のためにはこれが既にクリアされている必要があるため、ここに改めて掲載しています。

①関連性の評価：結果の予測精度を向上させるために、原因情報を使いたいと思えるか？

②妥当性の評価：結果を変化させるために、原因情報を変えたいと思えるか？

　その上で、因果の第2基準（妥当性）の認定には、質問②にYESと答えられる必要があります。今回、肺がんリスク（結果）を変化させるために歯の色（原因情報）を変えたいとは思えなかったように、あなたが注目している関係性が因果関係でなければ、この回答はNOになるはずだからです。

　ところで今回は、既に常識化した科学的知識（喫煙はがんリスクを高める）を使いましたが、実際の分析現場ではこの種の知識が都合よく存在するとは限りません。なので、私たちは自分たちの手で（分析をして）、因果の妥当性の判断に足る知識を予め用意しなくてはなりません。

　この点が、**信念**（科学的な証拠がなくても、自分たちが経験的に信じている知識）をベースに因果の妥当性を判断する「認知的な因果関係」と、**科学的証拠**をベースとする「科学的な因果関係」の違いだと言えます[4]。

科学的証拠を得る難しさ

　因果関係の第3基準に移る前に、「科学的証拠の入手の難しさ」について触れておきたいと思います。私たちは知識を調達するために論文を読んだり、専門的な書籍を読んだりしますが、常識は変化しやすいということをお伝えしたいのです。

　この点の解説のため、**選択肢過多効果**（または選択のパラドクス）と呼ばれるバイアスを紹介します。

事例　選択肢過多効果のその後

　選択と意思決定の専門家であるシーナ・アイエンガー博士らは、2000年、

---

4)　日々の分析業務の目的の1つは、この因果の妥当性を判断するための知識作りであると言えます。

スーパーマーケットでの実証実験の結果を発表します。その内容は「商品数と消費者購買行動」に関するもので、消費者は、24種類の多彩なジャムの選択肢を与えられるよりも、6種類から選ばせた方が満足度も購入率も高まるというものでした。

　この結果は、当時の常識（品揃えは豊富な方が良い）とは真逆だったため大変注目されます。ところがアイエンガー博士の実験から10年後、ドイツの行動科学者ベンジャミン・シャイベヘンネ博士によって、この効果に疑問を呈する研究結果が発表されます。彼は、選択肢過多効果を再現するために行われた実験結果（全63個）を世界中から広く集めましたが、その約半数の31個はこの効果を否定する結果、つまり従来常識通り（選択肢は多い方が良い）の結果だったのです。

　そして様々な実験条件の違いを統計的に加味した分析の結果、彼は「選択肢過多効果は事実上ゼロである」という結論を出しました。

　アイエンガー博士らの仮説は「選択肢が多過ぎると消費者を悩ませるので、購買満足度も購買率も低下する」という因果仮説でした。この実証のため、実際にスーパーへ商品を展示し、因果関係の第1基準である関連性を実証しましたし、その仮説内容にはとても説得力もあります[5]。

　それでも、この効果を再現しようと世界中で実験が繰り返されてみると、当初の実験結果が示すほどには、私たちの行動は単純ではなかったのです。

　ここからの教訓は「1回の実験結果を神格化しない」ということです。実験から得られる知識は貴重ですが、たった1回の実験では証拠にならないのです。

因果関係の基準③：時間性

　因果の第3基準は、**時間性（temporality）**です。これはとてもシンプルで「原因は結果に先んじなくてはならない」ということなのですが、これをデータで示すとなると厄介です。

　例えば、経済的に苦しくて精神を病むこともあれば、その逆の可能性もありま

---

5)　心理学の分野には決断疲れ（decision fatigue）という言葉があり、決断頻度や高負荷の決断を繰り返すと判断の質が低下すると考えられています。

す。日常生活なら「原因は人それぞれなので、どっちも正しい」で終了ですが、科学的な因果関係として主張したければ証拠を提示しなくてはなりません。

　具体的には、この時間性を考慮した相関関係を分析するには、同じ分析対象者を追跡し繰り返し収集されたデータ（**縦断データ**と呼ばれる）が必要となるのです。

　この場合、「過去の経済状態と今の精神状態」とか「過去の精神状態と今の経済状態」といった時間の流れを考慮した分析ができるため、単一時点の状態しかわからないデータで分析するよりも格段に因果の証拠能力が向上します[6]。

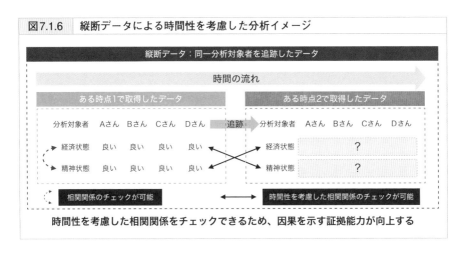

図7.1.6　縦断データによる時間性を考慮した分析イメージ

縦断データ：同一分析対象者を追跡したデータ

時間の流れ

| ある時点1で取得したデータ | | | | | ある時点2で取得したデータ | | | | |

| 分析対象者 | Aさん | Bさん | Cさん | Dさん | 追跡 | 分析対象者 | Aさん | Bさん | Cさん | Dさん |

経済状態　良い　良い　良い　良い　　経済状態　？

精神状態　良い　良い　良い　良い　　精神状態　？

相関関係のチェックが可能　　　　　時間性を考慮した相関関係のチェックが可能

時間性を考慮した相関関係をチェックできるため、因果を示す証拠能力が向上する

　しかし、時間の流れを考慮した縦断データであっても完璧ではありません。なぜかと言うと、データを取得した開始時点の状態が「経済的に苦しい」だったとしても、それ以前の状態が「精神的に苦しかった」かもしれないからです。つまり、いくらデータを過去に遡って集めたとしても、真の開始状態はわからないのです。

　とは言え、求めたらキリがありませんから、分析実務の現場ではこの縦断データから「時間性を考慮した相関関係」を確認できたら、次の第4基準に進むことが多いと思います。

---

6)　単一時点の状態しかわからないデータは、**横断面データ**と呼ばれます。相関関係を把握したい場合には、この種のデータで十分役立ちます。

因果関係の基準④：非偽性

因果の第4基準は、**非偽性（nonspuriousness）**です。ここでの要求は、第3基準まで満たした相関関係が**疑似相関**（心理学用語では**錯誤相関**）ではないことを確認しようということです。

疑似相関については2章で詳しく解説をしましたが、ここで簡単に振り返っておきましょう。

インフルエンザ・ワクチンは、一般的に健康不安のある人の方が接種率が高くなる傾向にあります。なので、ワクチン接種後に発生した入院日数などをワクチン非接種者と単純比較してしまうと、「ワクチン接種者の方が入院日数が長い」といったような悪化傾向を示してしまうことがありました。

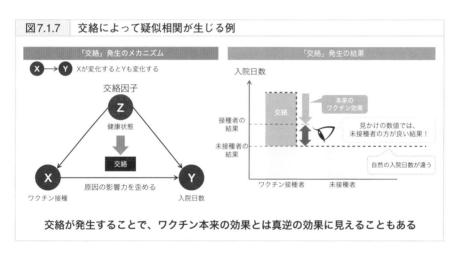

図7.1.7　交絡によって疑似相関が生じる例

交絡が発生することで、ワクチン本来の効果とは真逆の効果に見えることもある

そして、このような結果を間に受けてしまうと[7]、ワクチン陰謀論のようなものに嵌ってしまう恐れがあるのです。

私たちの心にできることは「交絡のために、擬似相関が生まれる可能性がある」ことを認識しておくことまでです。そこから先はデータ分析などの力を借りて、必ずこの**非偽性のチェック**を行うようにしましょう。

---

[7] 私たちは**錯誤相関**（本来相関関係がないのに相関があると思い込みやすい認知的傾向）によって、交絡により生まれた相関を、本物の相関関係と間に受けやすい傾向がありました。

因果関係の周辺用語のまとめ

7.1では様々な専門用語が登場してきました。そこで、ここでは特に重要と思われる因果関係周辺の言葉を整理しておきたいと思います。

因果関係の周辺用語に関するまとめ

・相関関係：一方が変化したら他方も変化するという、連動的な事柄間の関係性
・相関係数：相関関係の一部で、特に線形的な関係性[8]の強さを表す統計量
・疑似相関：バイアス（交絡）によって存在するかのように見える事柄間の関係性
・因果関係：事柄間の連動が、一方の事柄の変化によって引き起こされている関係性

これらの用語への理解は、図7.1.8の包含関係を理解することでも深められるでしょう。この図では相関関係を一番広く描いています。なぜなら、私たちは連動して動くことのない事柄（現象）には、基本的に興味がないからです。

そして、相関係数はこの中の一部の関係性だけを捉えることのできる統計量でした。また相関関係の多くは、交絡などの統計的バイアス（系統誤差）によって生じている可能性があることを表現しています。

最後に、因果関係は（当然ですが）疑似相関の外側にあること、そしてその中には、①線形的な因果関係と、②非線形的な因果関係の2種類があることを表しています。

---

8) 線形的な関係とは、比例式（一方をn倍にしたら他方はm倍になる）で表現できる単調な関係のことです。

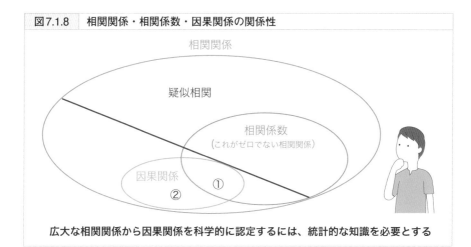

図7.1.8 相関関係・相関係数・因果関係の関係性

相関関係

疑似相関

相関係数
（これがゼロでない相関関係）

因果関係
①
②

広大な相関関係から因果関係を科学的に認定するには、統計的な知識を必要とする

7.1のまとめ

・心の感じる因果関係と科学的な因果関係には隔たりがある。

・前後即因果の誤謬などにより、私たちは因果関係を安易に認定しやすい。

・因果関係の判定には、関連性・妥当性・時間性・非偽性の4基準がある。

・科学的な因果関係の判定には、疑似相関など統計的な知識が要求される。

7.2 　因果関係の錯覚と疑似科学

疑似科学とは

　ここからは、科学とは似て非なる存在の**疑似科学（pseudoscience）**を題材に、これが7.1で学んだ「科学的な因果関係」からどれだけ逸脱したものかを解説したいと思います。疑似科学の事例としては、疑似科学研究に度々登場するホメオパシーを取り上げます。

　ホメオパシーは同種療法や同毒療法と呼ばれ、患者の症状を引き起こす毒物を希釈して与えて、そこから身体を回復させることで患者の自然治癒力を高めようとする療法です。そしてこの治療に使われる毒性物質は、10の60乗倍程度に希釈されて用意されます。ただ、ここまで希釈さると元物質はもはや水中には存在せず、その効果も副作用も消えてしまいます。

　ではなぜ、その薬に効果があるのかと調べると、「水には記憶があるから」と説明されます。ちなみに、この療法の効果は「偽薬以上の効果はない」と繰り返し実証されています。つまり、ホメオパシーは因果関係の最初の2つの基準を満たしていない代物なのです。

①第1基準（関連性）：偽薬以上の効果が否定されているため関連性はなし
②第2基準（妥当性）：水の記憶により効果があるとの理屈に妥当性はなし

　それでも、この療法を信じる人たちが存在します。
　そこには一体、どのような心理的背景があるのでしょうか？

疑似科学と認知バイアス

　ホメオパシーなどの擬似医療（擬似科学ベースの医療）に共通する特徴として、「自然に治る症状を扱う」というものがあります。これには理由があって、効果も

副作用もない治療薬でも毎日飲ませていれば自然治癒が期待でき、それを患者が勝手に「薬のお陰で治った」と勘違いするという展開が、擬似医療で儲けたい人たちにとって好都合だからです。

図7.2.1をご覧ください。私たちは自分の経験を証拠の中でも重視する傾向がありますが、それが自身の治癒体験（成功体験）であれば尚更です。このように得た証拠は**事例証拠（anecdotal evidence）**と呼ばれ、私たちの思考に強く影響を与えます[9]。

具体的には、次のように個別バイアスが連動して因果関係の4基準を突破させるのです。

①関連性：治療体験に基づく**三た論法**で、「治療薬」と「治癒」を関連付ける
②妥当性：治癒した**事例証拠**を根拠に、「治療薬は妥当だった」と認定する
③時間性：**前後即因果の誤謬**の働きで、時間性の認定に疑いを挟まない
④非偽性：**錯誤相関**の働きで、本物の相関関係だと信じて疑わない

図7.2.1　擬似医療を信じるメカニズム

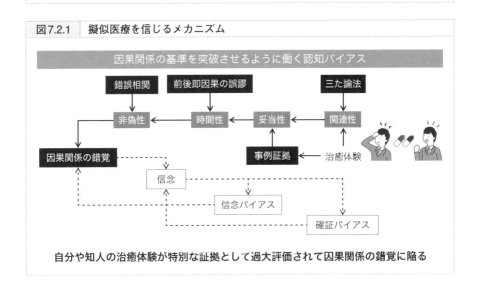

自分や知人の治癒体験が特別な証拠として過大評価されて因果関係の錯覚に陥る

---

9)　事例証拠は証拠の種別を表す言葉で、これ自体は認知バイアスではありません。ただ自身の経験に根ざした事例証拠は、記憶を保持しやすく想起もしやすいため、認知の働きの中で優先的に使われます。

割れ窓理論の普及背景

　ホメオパシーのような擬似科学の典型事例よりもう少し身近な題材を扱って、私たちの因果関係の認定の脆さについて考えていきましょう。皆さんは「割れ窓理論」という言葉を聞いたことがあるでしょうか？　ここでは、この理論の普及秘話を題材とします。

　割れ窓理論の原点は、スタンフォード大学の社会心理学者フィリップ・ジンバルド教授の1969年の研究にまで遡りますが、この研究自体が擬似科学だったわけではありません。これが擬似科学に傾いた契機は、1982年、米国の社会科学者であるジェームズ・ウィルソン教授とジョージ・ケリング教授が、ジンバルド教授の研究結果を切り取って論文に組み込み、大衆の注目を集めたことでした[10]。

　ジンバルド教授の研究では、2台の車が治安の悪いエリアと良いエリアに放置されました。そしておそらく予想通りに、治安の悪いエリアに置かれた車は破壊され、治安の良いエリアの車は破壊されませんでした。ここまでは「なんだ、知っている通りじゃないか」と感じるでしょう。問題はここからです。割れ窓理論の主張は「軽犯罪を放置すると犯罪が蔓延る」ですが、原論文の真実は次のようなものだったのです。

---

①治安の良いエリアに放置した車は、確かに破壊されなかった

②研究チームはその車を（研究室のあった）大学の敷地に移動させた

③そして、破壊行為を誘発させるキッカケとして車を破壊しておくことにした

④すると、研究チームのメンバーたちが破壊行為に夢中になり、車を次々と破壊した

⑤それを見ていた「通行人」も、後から破壊行為に参加した

---

10) 1982年当時、ニューヨークは記録的な無法地帯と言われるような状況でした。米国の月刊誌アトランティック誌の公式サイトで「Broken Windows The police and neighborhood safety」と検索すると、記事内容を確認することができます。

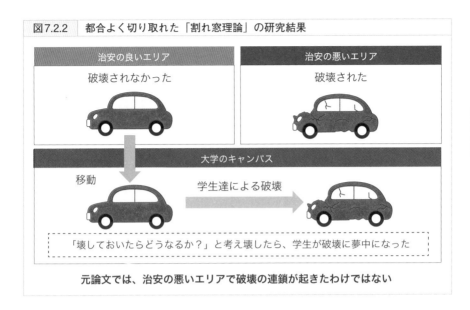

図7.2.2 都合よく切り取れた「割れ窓理論」の研究結果

どうも私たちの知っている理論とは、話の印象がだいぶ異なります。治安の悪いエリアに放置された車が破壊され、そこから破壊が連鎖したわけではないのです。しかし事実を切り取ると、次のような**ナラティブ（物語）**の素材が手に入ります。

①治安の悪いエリアの車は破壊され、治安の良いエリアの車は破壊されなかった
②車を破壊すると連鎖が起きて、群衆（通行人）を巻き込み破壊が起きた

このように割れ窓理論を普及させるキッカケとなった論文は、疑似科学的な要素を含んだものでした。物語の力は偉大で、権威ある立場の人々によって語られると、私たちは容易に因果関係の錯覚に陥る可能性があることを自覚すべきでしょう。

また、この理論が注目された1980年代のニューヨークの治安状況も無視できません。1章で紹介したロボトミー普及の背景同様、社会が強く解決策を求めていると、物語の力は科学的証拠を圧倒してしまうのかもしれません。

今回は割れ窓理論の普及のキッカケに対する否定的見解を中心に紹介しましたが、この理論を応用した社会的取り組みに対しては肯定的な評価があることもご留意ください。

最後に、現実に起きた1つの皮肉的な結末を付記しておきます。それは、ジンバルド教授の研究で治安の悪いエリア（ニューヨークのブロンクス）の車を実際に破壊したのは「身なりのいい白人家族」でしたが、割れ窓理論の実践によって現実に逮捕率が高まったのは有色人種の逮捕率だったということです。

 ## 疑似科学者の特徴

疑似科学者の特徴も紹介しておきましょう。疑似科学は科学を装っているだけで、全く科学的なものではありません。では、関連性も妥当性もないような理論を、どう科学的に装うのでしょうか？

最も極端なケースでは、疑似科学者はそれを**ガリレオ論法**によって達成します。つまり「一般人が自説を理解できないのは、自説が地動説のように斬新だから」と言うのです。また原因と結果の関連性が示せないのは「現代科学の方法論の限界」だとして、自身の理論の妥当性の立証を疑似科学者自身ではなく現代科学に転嫁します。これは、**立証責任の転嫁**と呼ばれる論理的誤謬です。このようにして、疑似科学者は自身がしたい主張だけを行い、議論には決して乗っかって来ないのです。

図7.2.3	疑似科学者の特徴

ガリレオ論証	立証責任の転嫁
理解できなくても無理はない　地動説も最初は理解されなかった！	私の理論が実証されないのは　現代科学の考え方に問題がある！

擬似科学者は「妥当性」を示さず、認知バイアスによって妄信した人だけを相手にする

7.2のまとめ

・疑似科学の理論（因果関係）は、科学的因果の基準を満たしていない。

・認知バイアスの働きによって、誰もが疑似科学を信じる恐れがある。

・社会が強く解決策を求めていると、科学的な判断が難しくなる恐れがある。

7.3 因果効果の測定

因果推論の根源問題

ここからは「因果関係をどう認定するか」から「因果の効果をどう推定するか」へと話題を移したいと思います。例えば、親が子供をどの塾に通わせるかを悩むのは「塾によって成績が変化する」と信じているからですが、その上でより良い判断を下すには「原因を変化させた際、どれだけ結果が変化するのか」を正しく見積もる必要が出てきます。

この変化量のことを**因果効果（causal effect）**と呼び、これを正しく推定することが分析者の重要な仕事の1つになっています。以降、塾と成績の因果効果を題材に解説を進めます。

図7.3.1をご覧ください。データは6人の子どもたちから集めたもので、各人の通っている塾と直近のテストの点数が記載されているとします。この表形式は少し独特ですが、これは各人ごとの**反事実**（実際には起きていないが、実現したかもしれない別の現実）にも注目して表現しているためです。そのため、この表を1人ずつ横方向に見ていくと、各人が「有名塾に通った際の結果」と「その他塾に通った際の結果」の差を読み取ることができ、この差が**因果効果**と呼ばれるも

図7.3.1　因果効果の根源問題とは

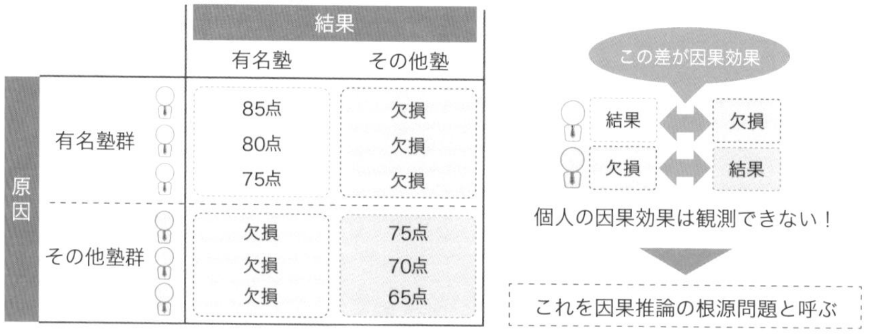

		結果	
		有名塾	その他塾
原因	有名塾群	85点	欠損
		80点	欠損
		75点	欠損
	その他塾群	欠損	75点
		欠損	70点
		欠損	65点

この差が因果効果

結果 ⇔ 欠損
欠損 ⇔ 結果

個人の因果効果は観測できない！

これを因果推論の根源問題と呼ぶ

のに相当します。

　ただ、現実的には通っていない塾に対応するデータは観測できないため、そこは欠損値となってしまうのです。つまり、最も知りたい因果効果は欠損値のため計算できません。これはデータの観測を基盤とする科学にとって根本的な問題のため、これを**因果推論の根源問題**と呼んでいます。

因果効果とバイアス

　では、どのように因果効果を推定したらいいのでしょうか？

　個人レベルで推定できないなら集団レベルで考える、というのが統計的発想の基本です。そして、その中で最も単純な推定方法は「有名塾に通っている生徒たちのテスト点数の平均値」と「その他塾に通っている生徒たちのテスト点数の平均値」の差を、「集団レベルの因果効果」と解釈することでしょう。

　図7.3.2の左側をご覧ください。この図を使って前述の「集団レベルの因果効果」を計算すると、有名塾に通っている3人の平均値（80点）と、その他塾に通っている3人の平均値（70点）から、その差分が10点とわかり、これを集団レベルの因果効果と解釈しようとするものです。

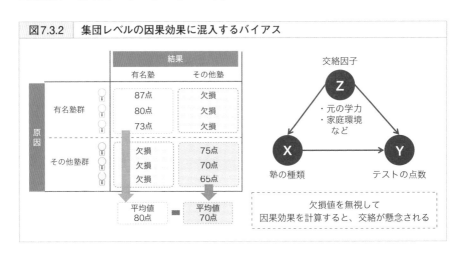

図7.3.2　集団レベルの因果効果に混入するバイアス

しかし、この推定方法には明らかな欠陥が含まれています。それは、元々学力が高い人などが有名塾に通いやすい可能性を考慮できていないことです。つまり、この10点差の中には2章で学んだ**交絡**が含まれている可能性が高いのです[11]。

　では今、懸念される交絡は、この表のどこに表現されているのでしょうか？
　ここで図7.3.3をご覧ください。これは交絡の解説を簡単にするために、以下の前提を置いて数値を入れた表になっています。

・有名塾に通っている人の方が基礎学力が高いと仮定する
・上の仮定に基づき、表❷部分の点数を表❸部分の点数よりも高く設定してある
・表❷部分は、現実には観測できないが説明の都合上、数値を表示している

図7.3.3　集団レベルの因果効果に混入したバイアスの正体

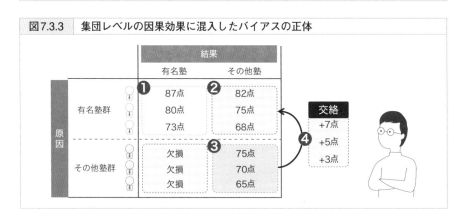

　私たちの懸念は、有名塾に通っている人たちとその他塾に通っている人たちとでは、元々の学力差といった集団特性が違うんじゃないかというものでした。そしてこの両群の特性差は、数値を設定した経緯から明らかな通り「表❷部分と表❸部分の差分」で、ここに交絡（表❹部分）が表現されているのです。
　ここで改めて交絡の問題を記せば、それは「表❹部分がゼロではない（学力差がある）ために、先に試みた観察可能な『表❶部分と表❸部分の差』の10点差を、

---

11) 交絡は、原因（塾の種類）と結果（テストの点数）の両方に影響を与える第3の因子、交絡因子によって生じる系統誤差でした。

そのまま有名塾の効果と解釈することができない」となります。

　では、交絡にどう対処すれば良いかと言えば、元来の学力差という下駄部分**❹**こそが交絡なので、最初に有名塾の効果と考えようとした「表**❶**部分と表**❸**部分の差」から下駄部分**❹**を引いてあげれば、両群にとってフェアな比較になります。

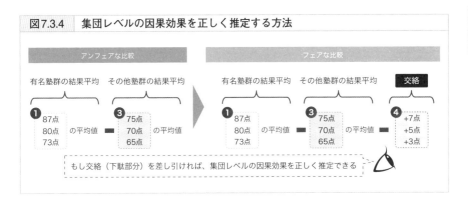

図7.3.4　集団レベルの因果効果を正しく推定する方法

しかし、この交絡も観測できない表**❷**部分から計算されているため、実際には目で見て計算することができません。なので、少しでもこの交絡自体を小さくするように努める必要があります。

ランダム化比較試験

　集団レベルの交絡を限りなくゼロに近付けられるものが、2章で紹介した**ランダム化比較試験（Randomized Controlled Trial）**でした。まずは、この点を簡単に振り返りたいと思います。

　ランダム化比較試験は、分析対象者を処置群と対照群にランダムに割り当てることで両群の特性差をなくし、結果変数（塾のケースならテストの点数）の差をフェアに比較できるようにするものでした。ここで、これまで有名塾群としてきたものを処置群、その他塾群としてきたものを対照群とすると、分析対象者の規模が大きくなるにつれて表**❷**部分と表**❸**部分に属する人数が増えるので、交絡**❹**の正体である「表**❷**部分と表**❸**部分のテスト点数の平均値の差」が、徐々にゼロに近付いていくことがイメージできるでしょう。

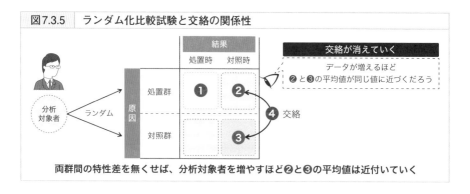

図7.3.5　ランダム化比較試験と交絡の関係性

両群間の特性差を無くせば、分析対象者を増やすほど❷と❸の平均値は近付いていく

交絡の根源を断ってしまうランダム化比較試験は、確かに強力なツールだと確認できます。しかし、今回の解説テーマ（子供の通っている塾の違いによる因果効果）では、このランダム化比較試験の枠組みを使うことは難しそうです。

なぜなら、子供に通わせる塾をランダムに決めるということは倫理的に許されないからです。普段データに関する仕事をしていると、この枠組みを使えるシチュエーションの少なさに気付かされます。

 傾向スコアマッチング

ランダム化比較試験のような実験が難しい場合には、何とか手持ちのデータから、精度を犠牲にしてでも因果効果を推定するしかありません。ここで紹介する**傾向スコアマッチング**は、事後的にランダム化比較試験に近い状況を作り出すための分析手法として知られています。

ここでも「有名塾に通っている集団」と「その他塾に通っている集団」の話を使って、この手法の解説を行います。

普通、各家庭はそれぞれの考えに従って通う塾を決めています。家からの通いやすさを優先することもあれば、塾の進学実績を重視することもあるでしょう。いずれにせよ、どこの塾に通うかは分析者の意図やランダムなどではなく、各家庭の判断に委ねられるわけです。

すると、仮に学力の高い生徒の方が有名塾に通いやすいと言っても、それはあくまで確率的な話であって、学力が高くても有名塾に行かない生徒（またはその

逆のパターン）のデータが手元に存在することが期待できるでしょう。

であれば、少しでもフェアな比較（交絡を軽減した状態での比較）に向けて、取れる手立てが考えられます。例えば、有名塾に通っている生徒一人一人に対して、最も特性の似た生徒を、その他塾に通っている生徒からマッチングしてあげれば、かなり似たもの同士の集団比較に近付けることができるからです。

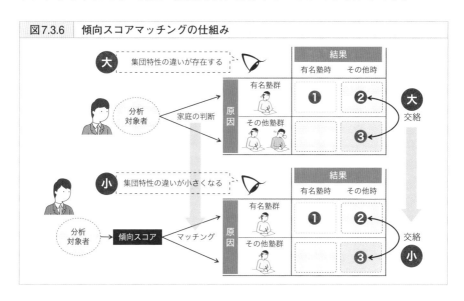

図7.3.6　傾向スコアマッチングの仕組み

このような考え方に沿って集団レベルの因果効果を推定しようという分析手法が**傾向スコアマッチング**と呼ばれる手法で、このマッチングの際に、互いにどれだけ似ているかを表す統計量のことを**傾向スコア**と呼んでいます。このスコアを使えば、集団特性の違いが小さくなり、それに伴い交絡も小さくなるということです。

7.3のまとめ

- 因果効果は、原因を変化させたときに結果がどれだけ変化するかを表す。
- 個人レベルで因果効果を観測できないことを、因果推論の根源問題と呼ぶ。
- 因果効果の推定で最も強力なツールは、ランダム化比較試験である。
- ランダム化比較試験が使えない場合は、統計的にかなり工夫した手法が必要となる。

7.4 因果メカニズムの解明

因果メカニズムとは

　因果効果の推定は分析の基幹的な業務ですが、分析対象の理解を深めようとするとこれだけでは足りません。そこで重要になるのが、**因果メカニズムの解明**です。

　例えば、1800年代の半ばまで船乗りを苦しめた壊血病（ビタミンC不足によって起こる病気）は、この因果メカニズムが不明だったために多くの船乗りの命を奪いました。ただ、今は「ビタミンC不足が原因で起こる」とわかっているので、その対策を具体的に打ち立てることができます。これがわかっていないと対策を全く立てられないか、一部の人たちの間で「レモンやライムを食べておくと大丈夫そう」といった対処を伝承的に言い伝えていくしかありません。

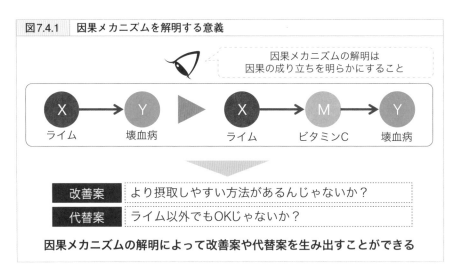

図7.4.1　因果メカニズムを解明する意義

因果メカニズムの解明は
因果の成り立ちを明らかにすること

X ライム → Y 壊血病　▶　X ライム → M ビタミンC → Y 壊血病

| 改善案 | より摂取しやすい方法があるんじゃないか？ |
| 代替案 | ライム以外でもOKじゃないか？ |

因果メカニズムの解明によって改善案や代替案を生み出すことができる

　このように因果メカニズムの解明は、単に原因が結果に与えるインパクトを推定することだけではなく、私たちが望む結果を効果的に得るために必要な行動案の具体化に役立ちます。

因果メカニズムの解明①：因果効果の分解

　因果メカニズムの解明は、ライムを食べるといった個別的な対処の裏側にある真の原因を明らかにすることです。例えば「ライムを食べると、ビタミンCの摂取量が増えて壊血病が減る」という因果の流れを表現しようとすると、図7.4.2のように「X→M→Y経路」として描けます。

　またライムから壊血病に直接描かれているXからYの矢印は、ビタミンC以外にもライムに「壊血病を改善または悪化させる作用」が残っているかもしれないことを表しています（もしそういう要因がないとわかれば、XからYへのこの矢印は消すことができます）。

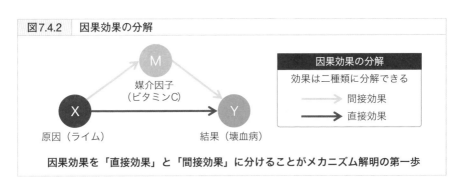

図7.4.2　因果効果の分解

| 因果効果の分解 |
| 効果は二種類に分解できる |
| ➡ 間接効果 |
| ➡ 直接効果 |

M　媒介因子（ビタミンC）

X　原因（ライム）　　Y　結果（壊血病）

因果効果を「直接効果」と「間接効果」に分けることがメカニズム解明の第一歩

　ここで、ビタミンCはライムの持つ壊血病の予防効果を媒介する働きがあるため**媒介因子（mediator）**、媒介因子を通じて作用する因果効果のことを**間接効果（indirect effect）**、原因から結果へ直接的に作用する因果効果のことを**直接効果（direct effect）**と呼びます。

　壊血病における原因特定のように、直接効果を間接効果に分解していくことが、因果メカニズム解明の1つ目の方法となります。

因果メカニズムの解明②：介入の計画

　ランダム化比較試験は、因果効果の推定において活躍するイメージを持たれていますが、因果メカニズムの解明にも力を発揮してくれます。その方法は、介入内容（原因をどのように作用させるか）をちょっとずつ変えた複数の介入案を計

第7章　因果関係の錯覚への対応

画し、それぞれの因果効果を実際に推定するというものです。このやり方を実践したケースに「水資源の保全を目標とした節水キャンペーン」のフィールド実験事例があります。

2011年、ジョンズ・ホプキンズ大学の行動科学者ポール・フェラーロ教授は、2007年に実施されたカリフォルニア州立大学のウェズリー・シュルツ教授らの節電実験を参考に、節水効果を高めるメカニズム解明のための実験を行いました。

既にシュルツ教授らの実験によって、❶ブーメラン効果（よく節電できている人たちにその情報を伝えると、節電を頑張らなくなってしまうといった効果）に注意を要することがわかっていたので、フェラーロ教授は節水状況をどう伝えるのがベストかを丁寧に計画し分析しました。

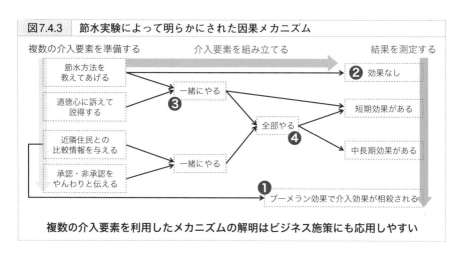

図7.4.3　節水実験によって明らかにされた因果メカニズム

複数の介入要素を準備する　　　介入要素を組み立てる　　　結果を測定する

節水方法を教えてあげる
道徳心に訴えて説得する
近隣住民との比較情報を与える
承認・非承認をやんわりと伝える

❸一緒にやる
❹全部やる
一緒にやる

❷効果なし
短期効果がある
中長期効果がある
❶ブーメラン効果で介入効果が相殺される

複数の介入要素を利用したメカニズムの解明はビジネス施策にも応用しやすい

この実験の結果は、まずは❷節水方法を教えるだけという最も単純な介入が検証されましたが、これには何ら効果のないことがわかりました。次に試された方法は、❸節水方法を教えることに加えて、その道徳的意義（節水によって自然破壊を止められる等）を伝えるもので、これには短期間限定ですが節水効果が上がることがわかりました。

ここまででも、実験を通じて因果メカニズムの解明を図るためのコツが理解できると思います。介入案を少しずつ変え、介入案ごとの因果効果を推定していくのです。

　最後に、この実験で最も効果を挙げた介入計画❹は以下のような内容でした。簡単に言えば、思い付くことを全部乗っけたプランです。

・節水方法を被験者家族に教える
・節水の道徳的意義も伝える
・近隣住民との比較情報（使い過ぎなのか節水できているのか）も伝える
・比較情報を伝える際、節水できている家庭には笑顔マークと共に伝える
・同じく比較情報を伝える際、水を使い過ぎの家庭には残念マークと共に伝える

　ここまで丁寧に情報を伝えると、短期効果も中長期効果も得られ、先に懸念されたブーメラン効果も生じることはありませんでした。

　やり方を教え、意義を伝え、他人との客観的な比較を示し、それに対する評価感情も伝達する。部下を持つ管理職の方々が日々実践していることに似ていますよね。このように、ランダム化比較試験は因果効果を高めるメカニズムの解明にも役立つのです。

自然実験

　2011年3月11日の震災は、正に突発的な外部刺激となって多くの人の生活を一変させました。ここでは、このような外部刺激によって分析可能になった因果関係研究の事例を紹介しましょう。本事例を通して、科学的に因果関係を示すことの難しさの一端が伝わればと思います。

　社会疫学という分野では、人と人の絆（ソーシャル・キャピタル）が私たちの健康を良くするという仮説の実証が求められてきました。しかし、科学的実験と称して被験者のソーシャルキャピタルを奪うなどの介入は倫理的に許されません。そのため、この仮説はずっと仮説のまま、実験することができずにいたのです。

　ところが、東日本大震災により多くの人が同時に苦しい状況に追い込まれます。ちょうどそこに、毎年追跡的に収集していた（縦断）データがあり、各人のソーシャル・キャピタルの状態や経済状況の記録が残っていました。そしてこのデー

タを使えば、ソーシャル・キャピタルが高齢者の健康状態の原因になるという因果分析ができるのではないかと考えられたのです。

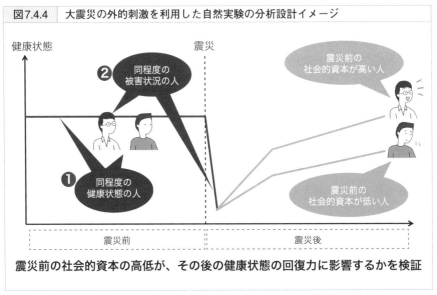

図7.4.4　大震災の外的刺激を利用した自然実験の分析設計イメージ

震災前の社会的資本の高低が、その後の健康状態の回復力に影響するかを検証

出所：https://www.jages.net/project/jititaijointresearch/iwanuma/?action=common_download_main&upload_id=15258を参考に著者がアレンジ

図7.4.4をご覧ください。この分析では、❶分析対象者が「震災前の健康状態が同程度の人たち」に絞り込まれています。こうすることで、過去の健康状態の違いが未来の健康状態の違いを生むという可能性を潰せます。更に、❷分析対象が同等の被害状況の人に限定され、被害状況の違いがその後の健康状態に影響を与えた可能性も潰せました[12]。

そして最後に、震災前にソーシャル・キャピタルが高かった人と低かった人が、震災後にどこまで健康状態を回復させられたかを比較することで、ソーシャルキャピタルが原因となって健康状態が変化するという因果関係を検証したのでした。

---

12) これは2章で紹介した層別分析に相当します。ソーシャル・キャピタル以外で結果に与えそうな因子（交絡因子）のレベルを揃えておくことで、時間変化に対する健康状態の変化を比較可能にしています。

　このように、感覚的には明らかそうな因果関係（ソーシャル・キャピタルが健康状態を変える）も、データを使って科学的に実証しようとするには震災のような外部刺激を必要としたわけです。

7.4のまとめ

- ・因果メカニズムの解明は、望む結果を得るための行動計画に役立てられる。
- ・因果メカニズムの解明は、因果効果を間接効果に分解することで進められる。
- ・ランダム化比較試験は、因果メカニズムの解明にも使うことができる。

第 **8** 章

ケーススタディ

分析の流れの中で
バイアスへの対処法を学ぶ

　　ここまで、各種バイアス間の関係性に注目し様々なバイアスの解説に努めてきましたが、実際の分析の中で「どのバイアスに注意すべきか？」に気付けるようになるには、具体的な分析事例を通して学ぶのが近道です。

　　そこで、本章では分析結果の活用イメージ（何のための分析なのか）も含め、より実践的な分析の流れの中で、これまで学んできた各種バイアスへの注意点について解説したいと思います。

8.1 ケーススタディ①：
気温とアイスクリームの売上の相関分析

ケース概要

　この章では、より実践的な分析の流れの中で、各種バイアスへの注意点を解説していきます。最初に取り上げるケースは「気温とアイスの売上の相関分析」です。気温が高いほどアイスが売れるというのは直感的にも明らかなことですが、このようなシンプルな分析の中でも、本書で紹介してきた各種バイアスの知識が役立つことを理解していただきたいと思います。

　図8.1.1をご覧ください。これは今回行う分析の技術的目標（予測）と、その活用例を表したものです。例えば、もし気温からアイスの売上個数を精度高く予測できれば、現在から向こう1~2週間の天気予報情報と組み合わせて、商品在庫の適正化が期待できることが描かれています。

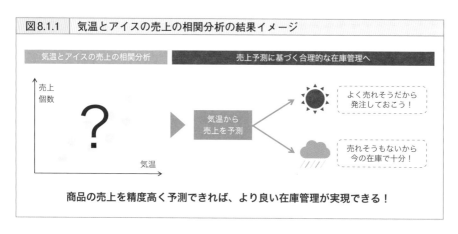

図8.1.1　気温とアイスの売上の相関分析の結果イメージ

気温とアイスの売上の相関分析 / 売上予測に基づく合理的な在庫管理へ

売上個数 / 気温 / ？ / 気温から売上を予測 / よく売れそうだから発注しておこう！ / 売れそうもないから今の在庫で十分！

商品の売上を精度高く予測できれば、より良い在庫管理が実現できる！

　今回のような、特に予測を目的とした分析では、その精度を下げる要因には細心の注意を払う必要があります。この点を意識して、この先を読み進めてみてください。

気温と売上の相関分析

　気温とアイスの売上の相関関係の把握のため、分析には過去1年分（52週間）のデータを使うものとします。また、お店の数は説明を簡単にするため、1店舗だけとしましょう。

　ここで、図8.1.2をご覧ください。この図の横軸はお店周辺の気温を、縦軸はアイスの売上個数を表しています。また、プロットされている各点は、お店周辺の週次の平均気温とアイスの売上の実績を表し、点線は気温と売上の相関関係を表す近似直線で、この直線の傾きから「気温が1度上がると売上が10個増える」という規則性が読み取れたとしましょう。

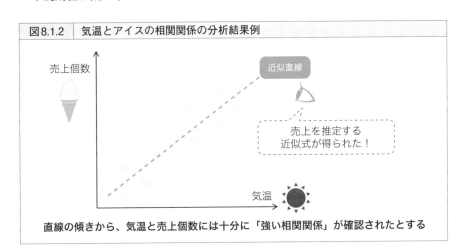

図8.1.2　気温とアイスの相関関係の分析結果例

　この図のように、気温と売上の間に「強い相関関係」があるなら、この近似直線の式（気温を売上個数に変換してくれる式）を、そのまま予測に使っても良さそうな気もします。しかし実際には、そう上手くは事が進みません。

相関分析結果の正しい解釈とは

　分析者は、手元のデータだけではなく現場の声をよく聞くようにと言われます。そこで、このお店のオーナーに、売上を上げるための日々の取り組みを確認することにしました。

　オーナーから次のような発言が得られたとしましょう。

昨年度は、特に繁忙期にSNSでの商品告知を頑張ったんです。

　この発言から、私たちは既に手に入れた「気温と売上の近似直線」の解釈を変更しなければなりません。具体的には、先述の「気温が1度増えると売上が10個増える」というのは、気温の純粋な売上効果ではなく、SNSの効果も含まれるものだったというように認識を改める必要があるということです。

　この点を図解したものが図8.1.3です。この図の右側には、オーナーが繁忙期にSNS告知を一切頑張らなかった場合の「新しい近似直線」が掲載されています。気温が高いデータほど、事実のデータに比べて下側に沈み込んだものになっています。この結果から、気温の純粋な売上効果は「1度の気温変化対する売上個数の変化は10個未満である」ことが想像できるのです。

　このように、実際には起きなかったもう1つ別の現実を**反事実（counterfactual）**と呼びます。傾きが10よりも小さい近似直線は、この反事実的推論によって推された近似式になります。

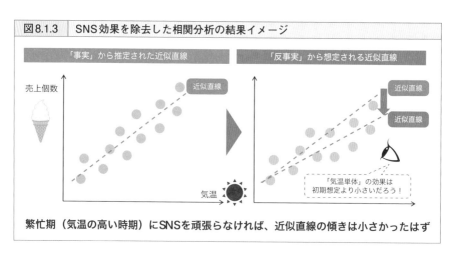

図8.1.3　SNS効果を除去した相関分析の結果イメージ

「事実」から推定された近似直線　　　　　「反事実」から想定される近似直線

売上個数　　　　　　　　　　　近似直線　　　　　　　　　　　　　　近似直線

近似直線

気温

「気温単体」の効果は
初期想定より小さいだろう！

繁忙期（気温の高い時期）にSNSを頑張らなければ、近似直線の傾きは小さかったはず

　次に、図8.1.4をご覧ください。これは、上記解説を**因果ダイアグラム**を使って表現したものです。図の左側には、図8.1.3に示した2本の近似直線が描かれ、右側には売上を増加させるための2つの異なる経路が描かれています。具体的には、

❶XからYへの直接経路＝気温による純粋な売上効果（直接効果）と、❷Xから
M（媒介因子：SNSによる告知）を経由しYに至る間接的な経路＝気温上昇に伴
うプロモーション活動による売上効果（間接効果）の2つの経路です。

　つまり、当初私たちが特定した「気温1度は売上10個分」というのは、この直
接効果と間接効果の合算値なのに対し、オーナーがSNS告知を全くしなかった場
合の近似直線の傾きは直接効果だけを表現したものだということです。

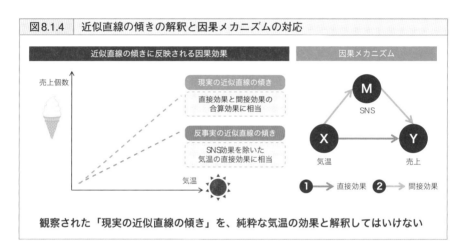

図8.1.4　近似直線の傾きの解釈と因果メカニズムの対応

観察された「現実の近似直線の傾き」を、純粋な気温の効果と解釈してはいけない

　もし、私たちがオーナーの発言を聞かなければ、「気温1度で売上が10個増え
る」ことを「純粋な気温の効果」と誤認するところでしたが、これは実務では致
命的です。なぜなら、もしオーナーが今夏、SNSを頑張らない予定なら、SNS効
果を含めた売上予測は無駄な在庫を生み出しますし、逆にもし昨年よりSNS告知
のインプレッションが倍増すると見込んでいるのなら、在庫が全く足りなくなる
可能性があるからです。

　こういった問題を回避するには、技術的には「直接効果と間接効果を分離し推
定する」必要があります。ただ本書が注目したいのは、この技術的対処ではなく、
こういった注意点を見落とさないために、どんな認知バイアスに注意を払えばい
いかという点です。

注意したい認知バイアス

　気温からアイスの売上個数を予測する良い近似式が得られてもなお、オーナーの一言で、それをそのまま予測には使えないという事実について見てきました。ここでは、こういった分析結果に関わる注意点を見落とさないために意識したい3つの認知バイアスについて振り返ります。

(1) 因果関係の錯覚

　今回の分析で確認したことは「気温と売上のデータを分析しているのだから、近似直線の傾きは気温の効果である」といった解釈は成り立たず、あくまでその解釈を決めるのは、分析対象の因果メカニズムを分析者がどう認識しているかによるということです[1]。

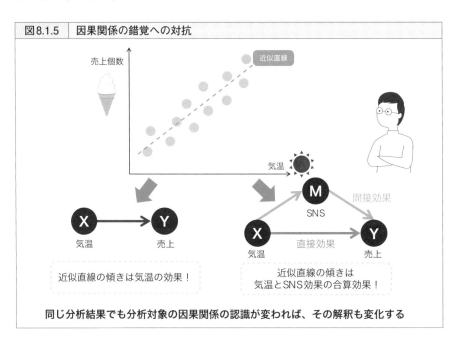

図8.1.5　因果関係の錯覚への対抗

---

1)　これは統計学で学ぶ「単回帰分析」と「重回帰分析」の結果解釈時の注意点と同じです。単一要因を用いた分析であっても、その結果には複数要因の影響が含まれます。

実務では、疑似科学のような「あからさまな錯覚」よりも、今回のように一見すると小さな錯覚＝小さな解釈ミスの積み重ねが問題になります。なので、分析に携わる人たちは、分析テクニックに注意を向ける前に、お互いの因果関係に対する認識を確認し合うのが良いでしょう。決して完璧な因果グラフを描く必要はありませんから、実際に図を描きながら確認を取り合うことをお勧めします[2]。

(2) 探索満足

私たちは4章で、**探索満足**というバイアスについて学びました。これは「一度、説明のつく仮説に辿り着くと、第2・第3の仮説の可能性を探らなくなる」という判断傾向でした。今回のように、気温と売上の散布図から「十分に強い相関関係」が確認されると、それ以上の思考の深堀りを止めてしまうことがあります。1つの仮説に到達しても、別の解釈が可能ではないかと、最後にもう1回だけ自分に問いかけましょう。

(3) 帰納バイアス

探索満足対処のために、最後の問いかけ時に思い出したいものが**帰納バイアス**です。これは「学習した状況と推論したい状況が異なれば、推論の精度は保証されない」という弊害をもたらすものでした。どれだけ高度な手法を使っても、この弊害からは逃れられません。なので、十分に良い予測式が手に入ったと満足しても、必ず最後に「学習状況と推論状況の乖離はないか？」と自身に問いかけるようにしましょう。そうすると、探索満足時に最低1回は自分が手に入れた予測のための式を疑うことができます[3]。

---

2) 図に落とし込む＝思考をスローダウンさせることが、認知バイアスへの対処の基本戦略だったことを思い出しましょう。

3) 機械学習の分野では、学習時のデータと推論時のデータの乖離を監視して、予測式を適宜更新する取り組みが一般的になっています。なお、「MLOps」と検索してもらえれば更なる情報を得られます。

8.1のまとめ

・気温とアイスの売上のように強い相関関係があっても、そのまま予測に使えるとは限らない。
・分析結果の解釈は、分析者が分析対象の因果関係をどう認識しているかに依存する。
・一度明確な分析結果を得ても、別の解釈がないかと最後に問い直すようにする。

8.2 ケーススタディ②： 宿題は学力を向上させるのか？

ケース概要

　ここでは「宿題と学力の関連性」をテーマに、注意すべき各種バイアスについて解説します。気温とアイスの売上の相関分析と同様、一見すると単純な関連性を想像するかもしれませんが、ここではより現実的な状況に踏み込んで解説したいと考えています。

　例えば、宿題の量。少な過ぎては駄目でしょうが、単に多ければ良いとも思えません。また小学生や中高生を同列に扱って良いテーマなのだろうかと感じた方もいるでしょう。これらの疑問を解消するように解説を進めます。

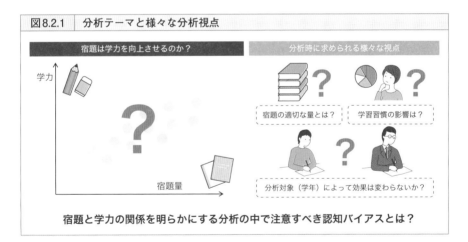

図8.2.1　分析テーマと様々な分析視点

宿題は学力を向上させるのか？

学力

宿題量

分析時に求められる様々な視点

宿題の適切な量とは？　　学習習慣の影響は？

分析対象（学年）によって効果は変わらないか？

宿題と学力の関係を明らかにする分析の中で注意すべき認知バイアスとは？

宿題と学力の相関分析

　図8.2.2をご覧ください。これは、スペインの心理学者ルーベン・アロンソ博士らによる2015年の研究結果の一部で、宿題時間と学力との関連性を分析したものです（この研究対象者はスペイン人の学生7725人で、平均年齢は13.8歳でした）。

この図の横軸は生徒が1日に費やしたトータルの宿題時間、縦軸は研究内で実施された数学と科学の学力テストのスコアです。宿題に費やされる時間は、生徒の学力や勉強の仕方によって長くも短くもなりますが、宿題量を測る1つの目安として使われています。

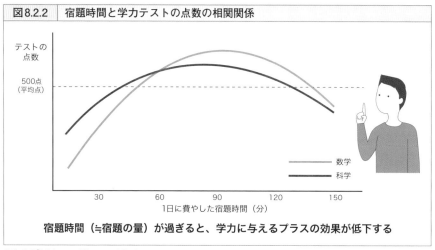

図8.2.2　宿題時間と学力テストの点数の相関関係

テストの
点数

500点
（平均点）

数学
科学

30　　　60　　　90　　　120　　　150
1日に費やした宿題時間（分）

宿題時間（≒宿題の量）が過ぎると、学力に与えるプラスの効果が低下する

出所：論文「Adolescents' Homework Performance in Mathematics and Science:Personal Factors and Teaching Practices」（Rubén Fernández-Alonso, Javier Suárez-Álvarez）を参考に著者がアレンジ

　この図によれば、宿題時間（≒宿題の量）には適正な範囲が存在するようです。スコアのピークにズレはあるものの、60分当たりを超えると徐々に宿題向上効果が弱まり、最終的にはスコアが悪化に転じます。これは「宿題には学力向上効果はあるものの、量が多過ぎると生徒に悪影響を与え始める」ということを示唆しています。

層別分析

　アロンソ博士の研究は14歳前後（平均年齢13.8歳、標準偏差0.82歳）の学生が対象でしたが、学生時代の1年には大人とは違った変化が予想されます。14歳に対して宿題の効果があったとしても、この知見を他の年代に安易に一般化しないこと、つまり**軽率な概括**に注意すべきことを、本書では度々触れてきました。例えば、小学校の低学年における宿題効果を知りたいなら、分析データを変えて解

析をやり直す必要があるということです。

　ここでは、分析対象を学年で区切った（層別された）宿題効果の分析結果を確認することで、この層別分析を擬似的に体験してみましょう。

(1) 学年ごとの適切な宿題量

　図8.2.3をご覧ください。これは全米教育協会（NEA：National Education Association）による、以下の「保護者向けの宿題ガイド」の記載を元に、年代別に許容される宿題時間を図解したものです。これは「宿題の10分ルール」と呼ばれています。アロンソ博士のような分析を学年別に実施して、宿題効果のピークを分析した結果だと考えてもらって問題ありません。

> ・小学2年生まで、宿題は1日10〜20分を目安として、20分を超させない
> ・小学3年生から6年生までは、1日30〜60分までの宿題に対処できる
> ・中学生になると1日90分、高校生では1日90分〜150分まで対処できる
> ・中学生と高校生では、宿題量の効果は科目によってマチマチである

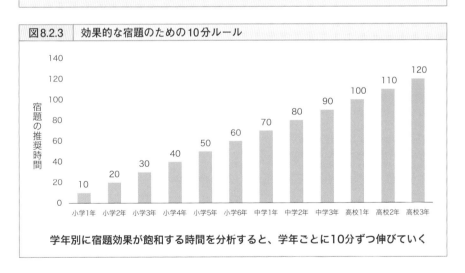

図8.2.3　効果的な宿題のための10分ルール

学年別に宿題効果が飽和する時間を分析すると、学年ごとに10分ずつ伸びていく

　宿題分析の難しさは、分析対象の学年や科目によって効果がマチマチなことです。そして分析実務課題の多くにも、これと似た特徴があります。そのため、一度の分析で全てを理解しようとはせず、分析対象者を限定し本当に知りたいこと

をできるだけ絞り込んでから分析するようにしましょう。

(2) 小学生と中高生における宿題効果の違い

　図8.2.4をご覧ください。これは、分析対象を「全学年」から「中高生」と「小学生」に層別した際の分析結果例です。米国デューク大学の心理学者ハリス・クーパー教授によると、宿題量と学力の相関関係は分析対象を小学生に限定するとことごとく消えてしまいます。

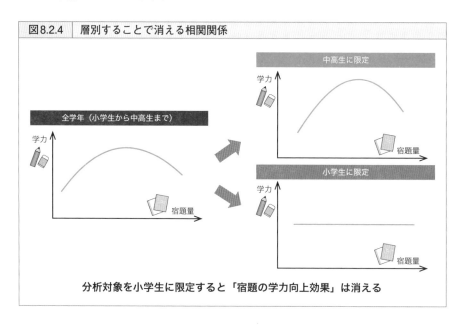

図8.2.4　層別することで消える相関関係

分析対象を小学生に限定すると「宿題の学力向上効果」は消える

　先に小学生も含めた「宿題の10分ルール」を紹介しましたが、なぜ効果がないのに、宿題の推奨時間は0分ではなかったのかと思われた方もいるかもしれません。それに対する研究者たちの回答は「小学生への宿題に期待するものは学力向上ではなく、学習の習慣化や勉強への自主性の涵養である」となります。つまり、小学生への宿題の価値は、短期的な学力向上ではなく、中高生以上になった際に幼少期に身につけた「学習習慣」や「勉強への自主性」によって、学力が伸びる土台作りであるということです。

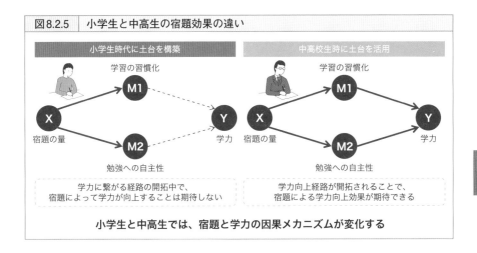

図8.2.5　小学生と中高生の宿題効果の違い

小学生時代に土台を構築　　　　　　中高校生時に土台を活用

学習の習慣化　　　　　　　　　　　　学習の習慣化

M1　　　　　　　　　　　　　　　　　M1

X　　　　　　　　　　　Y　　　　　　X　　　　　　　　　　Y

宿題の量　　　　　　　　学力　　　　宿題の量　　　　　　　学力

M2　　　　　　　　　　　　　　　　　M2

勉強への自主性　　　　　　　　　　　勉強への自主性

学力に繋がる経路の開拓中で、　　　　学力向上経路が開拓されることで、
宿題によって学力が向上することは期待しない　　宿題による学力向上効果が期待できる

小学生と中高生では、宿題と学力の因果メカニズムが変化する

 ## 宿題の弊害

　ここまでは宿題の良い面に着目しましたが、宿題には弊害もあります。2013年、米国ルイス＆クラーク大学のモリー・ギャロウェイ博士らは、裕福な地域にある成績上位校10校の高校生4317人を対象とした研究で、宿題が多すぎる場合の生徒への悪影響を次のように挙げました[4]。

・ストレスの増大：調査対象の56%の生徒が宿題をストレス源と回答した
・健康状態の悪化：頭痛・睡眠不足・胃腸障害などの回答が得られた
・ライフバランスの悪化：友人・家族との時間や趣味時間を減らす生徒が散見された

　この研究では、裕福で優秀な生徒たちの「健康と社会生活のバランスの欠如」が特に問題視されました。一方、この研究とは違って、そもそも裕福ではない学生に対しては宿題が不公平な教育ツールだとの指摘もあります。

　なぜなら、裕福な家庭の子供には、宿題のための専用スペースや、教育熱心で難しい宿題を手伝ってくれる両親といった資源がある一方、裕福ではない家庭の

4)　この研究の調査対象者は、平均して一晩3時間超の時間を宿題に費やしていました。これは宿題の10分ルールを大幅に超える水準です。

子供は、両親が複数の仕事を掛け持ちしている間、誰からも監視されるとなく家にいる可能性が高くなるからです。このような点を想像すると、確かに宿題の弊害の根深さを理解できるでしょう。

このように宿題の弊害についても、裕福か否かで全く論点が変わってきます。繰り返しになりますが、データ分析を成功させるには、分析対象者の限定と、分析結果をどんな判断や行動に反映させたいのかを明確にしておくことが大切です。

 ## 注意したい認知バイアス

宿題は学力向上に役立つのか？をテーマに、様々な分析視点からその効果や弊害を見てきました。ここからは、こういった複雑なテーマに対して、分析時に特に注意したい認知バイアスについて解説します。

(1) 結論に飛び付かない

私たちには**ナラティブ・バイアス**（シンプルでわかりやすい物語で好む傾向）があるため、過度に単純化された結論に飛び付く傾向があります。今回のケースでは、宿題は効果的か否かといった二元論的な結論を求めたくなることが、これに該当します。

これに対抗するには、6章で紹介した**競合仮説分析**を思い出してください。例えば以下のように、白黒はっきりとしない仮説を事前に列挙しておくことで、分析結果は単純ではないこと、そして分析者としてのスタンスを相手に伝えやすくなるでしょう。

> ・仮説1：宿題は積極的に出すべきだ
> ・仮説2：宿題は指針を設けて活用すべきだ
> ・仮説3：宿題は限定的・例外的に活用すべきだ
> ・仮説4：宿題は廃止すべきだ

ちなみに、米国では多くの議論はありつつも宿題支持派が優勢で、先述の全米教育協会の指針をベースとした仮説2が主流のようです。このような場合、分析

者には現状指針（ガイドライン）の継続的改善のための分析（精緻化するとか、間違いを探すなど）が期待されます。

（2）結論を先鋭化させない

結論に飛び付かないように注意しておくと、極端な結論にも飛び付きにくくなります。宿題に限らず、多くの事柄には良い面と悪い面の両方がありますから、なかなか先の仮説1や仮説4のような結論には着地しにくくなるということです。ただ、分析者が自身の信念や価値観を無意識的に優先して、分析結果を**チェリー・ピッキング**（結論に都合の良い選択的報告）してしまうことがあります。高学歴な分析者ほど仮説3や仮説4を支持する証拠を過小評価したり、叩き上げを自称する分析者ほど仮説1や仮説2を嫌うといったことです。分析・データと自分自身は切り離すように心掛けましょう。

（3）フレーミング効果

ここまでの解説では、実はこのフレーミング効果（情報の伝え方で受け手の判断が左右される）に配慮してきたつもりだったのですが、気付いていただけたでしょうか？

例えば、筆者が先の「宿題の10分ルール」を皆さまにお伝えしようとした際、できるだけ以下の「抑制的な伝え方」になるように努め、宿題時間を伸ばすことがただ素晴らしいといった印象を与えそうな「肯定的な伝え方」は避けるようにしました。

> ・抑制的な伝え方：小学3年生から6年生までは、1日30〜60分までの宿題に対処できる
> ・肯定的な伝え方：学年が上がるほど、宿題時間を伸ばすことができる

その理由は、先述した全米教育協会による「保護者向けの宿題ガイド」の記載が、筆者にはとても抑制的に感じられたからです。そのため、例えば宿題の10分ルールの紹介時に「学年が上がるほど、宿題時間を伸ばすことができる」といった前向きな表現は避けるようにしました。

分析結果は、その伝え方と交わって聞き手の思考に影響を与えます。分析のニュアンスと異なる伝え方をせざる得ない場合もありますが、できるだけ真摯に報告するように心掛けましょう。

8.2のまとめ

・軽率な概括に注意し、過度に単純化された結論に飛び付かないようにする。
・複雑なテーマほど、分析者の価値観によるチェリー・ピッキングには注意する。
・分析結果の伝え方にも、分析者の価値観や恣意性が入り込むので注意する。

8.3 ケーススタディ③：機械と専門家の協働実験の評価

ケース概要

　ここでは、機械学習（人工知能）と専門家の判断の協働について取り上げます。判断の協働と言っても、何か特別な判断を機械にさせるわけではありません。お医者さんが症状から病気を予測したり、上司が部下の表情から感情を推察するように、日々の業務中に行っている判断の一部を機械にも実行させ、その結果を私たちの最終的な判断に役立てようというものです。

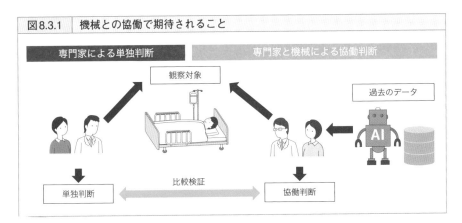

図8.3.1　機械との協働で期待されること

| 専門家による単独判断 | 専門家と機械による協働判断 |

観察対象

過去のデータ

AI

単独判断　　　　比較検証　　　　協働判断

　今回は判断の一例として「在宅ケアサービスを利用している高齢者の急な入院に関する判断」を扱います。医療の専門家でも、高齢者の突発的な変化を予測するのは難しく、機械による予測が専門家の判断を支えるのに役立つと期待されているテーマだからです。

入院判断を支えるアルゴリズム

　専門的な判断を支えるには、目的に特化して開発されたアルゴリズム（機械学習などの統計的に構築された判断ロジック）が役立ちます。様々なアルゴリズム

が存在しますが、ここでは南デンマーク大学の研究チームによって開発された、PATINA[5)]と呼ばれるものを取り上げます。

これは「在宅ケアを受けている高齢者の急性期入院リスクを予測するもの」で、過去の在宅介護サービスの利用状況などから患者ごとの入院リスクを計算し、そのリスクが高いと判断された場合には、在宅ケアを担う看護師に対して入院警告が発せられます。

また、単に警告を出すだけでは不親切なので、入院リスクの高い被介護者の「最近の訪問介護サービスの利用状況などのレポート」も看護師に提示される仕組みになっています。

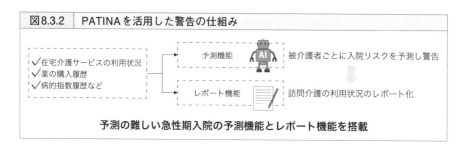

図8.3.2　PATINAを活用した警告の仕組み

| ✓在宅介護サービスの利用状況 ✓薬の購入履歴 ✓病的指数履歴など | → | 予測機能　🤖AI　被介護者ごとに入院リスクを予測し警告 |
| | | レポート機能　📝　訪問介護の利用状況のレポート化 |

予測の難しい急性期入院の予測機能とレポート機能を搭載

🎯 実験背景と設計概要

デンマークの研究チームは、PATINAによる判断支援がある場合とない場合で、被介護者の急な入院を減らせないかを実験で検証しました。具体的には、月曜日午前にPATINAによる高リスクの入院候補者リストを看護師に提示し、看護師はそれを水曜日までに評価することで、自分の担当する被介護者の急な入院リスクの見逃しに備えたのです[6)]。

このように、判断の協働の流れ自体は複雑なものではなく、専門家が判断する前にPATINAに入院リスクを判断させ、急な入院が疑われる患者に対して注意深く観察してもらうように設計されました。

---

5)　Prevention of AcuTe admIssioN Algorithm：急性期入院予防のためのアルゴリズムの略称です。
6)　実験の評価は「機械が入院警告を出してから30日以内に急な入院に至ってしまった件数」で測られ、この値の低下が期待されました。

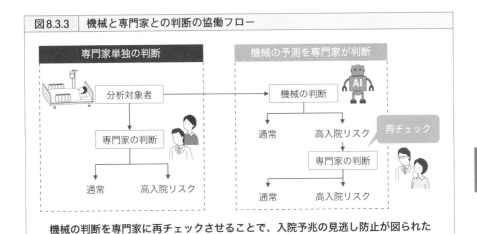

図8.3.3　機械と専門家との判断の協働フロー

機械の判断を専門家に再チェックさせることで、入院予兆の見逃し防止が図られた

機械の判断の活用方式

　この実験では、専門家の判断の前に機械に判断をさせています。このような活用方式を、**トリアージ（triage）**と呼びます。これ以外にも、専門家の判断を機械に置き換える**置換（replacement）**や、専門家の判断を事後的にチェックする**アドオン（add-on）**方式が存在します。どの方式を採用するか、または組み合わせて活用するかは、私たち人間の設計次第です。

注意したい認知バイアス

　この実験では残念ながら、最も期待された「高齢者の急な入院の減少」は認められませんでした。なぜこの実験では、期待した成果が得られなかったのでしょうか。この点を「看護師の認知バイアスの観点」から考察したいと思います。

　ここで注目したいのが、**不作為バイアス（omission bias）**です。これは「機械の判断に逆らって判断を間違えるくらいなら、機械の判断に従って（自分たちは何も判断しないで）間違えた方がマシだと考えてしまう認知的傾向」のことで、このバイアスの問題は機械が警告を発しないときに起こります。

図8.3.4をご覧ください。看護師もプロとして被介護者を観察しているので、も
し単独で判断していたら、❶異変を察知できていたかもしれないケースです（し
かしこれは非実現パス）。ところが今は、❷機械による警告リストを見て「リスト
にない人」＝「無警告の人」と認識してしまっています。❸すると本来であれば、
注意力を持ってチェックされた被介護者の状態が、機械の判断に逆らう程ではな
いと判断されてしまい（チェックなしとなってしまい）、❹危険予兆のあったはず
の被介護者を健康と誤認してしまうのです。
　このように、今回の実験で急な入院を予防できなかった背景には、機械の警告
なしという判断に逆らいたくない心理＝不作為バイアスの影響があったと考えら
れます。

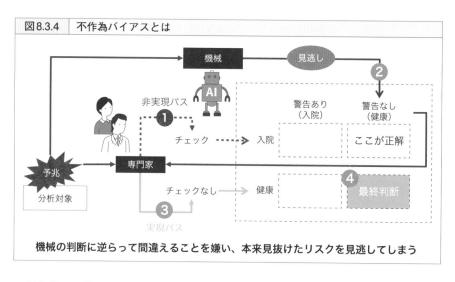

図8.3.4　不作為バイアスとは

機械の判断に逆らって間違えることを嫌い、本来見抜けたリスクを見逃してしまう

　理想的には機械の予測精度が100%になればいいのですが、この実現は容易で
はありません。私たち分析者が物事を判断する人たちの心理についても学び、精
度を100%にする以外の解決策を見出さないと、この不作為バイアスが放置され
ることになってしまいます。

機械とのより良い協働に向けて

　図8.3.5をご覧ください。これは機械の判断と専門家の判断の関係性を表現した

ものです。図の横軸は「機械が警告を出した際、専門家も警告ありとした割合」、縦軸は「機械が警告なしとした際、専門家も警告なしとした割合」です。もし機械の予測精度が100%なら、この右上にいることが理想状態で、機械も専門家も完璧な判断ができていることを表します。

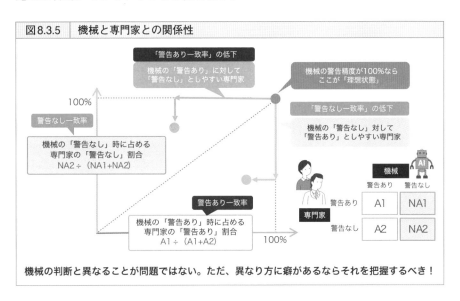

図8.3.5　機械と専門家との関係性

「警告あり一致率」の低下
機械の「警告あり」に対して「警告なし」としやすい専門家

機械の警告精度が100%ならここが「理想状態」

100%

「警告なし一致率」の低下
機械の「警告なし」対して「警告あり」としやすい専門家

警告なし一致率
機械の「警告なし」時に占める専門家の「警告なし」割合
NA2÷（NA1+NA2）

警告あり一致率
機械の「警告あり」時に占める専門家の「警告あり」割合
A1÷（A1+A2）

100%

	機械	
	警告あり	警告なし
警告あり	A1	NA1
警告なし	A2	NA2

専門家

機械の判断と異なることが問題ではない。ただ、異なり方に癖があるならそれを把握するべき！

しかし、繰り返しになりますが、機械の精度が100%になるのは稀です。ですから、専門家は不作為バイアスを乗り越え、機械の判断に逆らって判断しないといけません。つまり、現実的に真に理想的な状態とは、この図の右上から少しズレた所にいる専門家ということになります。

では、この右上を起点として、左側にズレやすい専門家とはどんな人でしょうか？

このタイプの人は、機械の「警告あり」という判断に逆らって「警告なし」と判断しやすいので、機械が出し過ぎる警告を高い精度で識別する能力を持っている、または単に警告を過小評価するタイプの専門家である可能性があります。

では次に、この右上を起点として、下側にズレやすい専門家とはどんな人でしょうか？

このタイプの人は、機械の「警告なし」という判断に逆らって「警告あり」と

判断しやすいので、機械には難しい機微情報から物事を判断する能力を持っている、または単に、過度に安全な判断を志向するタイプの専門家である可能性があります。

　どちらも一概に良い・悪いとは評価できませんが、専門家としてのタイプや性格が異なっていそうなことがわかるでしょう。

　3章で、プロ棋士の能力が、超人的人工知能の登場以降上昇していることを紹介しました。彼らが能力を伸ばせるのは、機械の判断と自身の判断とを比較して、自分の判断について何度も振り返っているからだと言えます。図8.3.5の活用は、その判断の振り返りの第一歩に過ぎませんが、こういった図を活用して機械の判断と専門家の判断とを比較できるようにすることは、その専門家の判断能力を向上させる上で重要な取り組みになるでしょう。

　本書の解説は以上となります。

　皆さまに改めて認識しておいてもらいたいことは、「精度100％の分析を目指すだけが分析者の仕事ではない」ということです。データにせよ分析にせよ、これらは誰かが下さねばならない判断を「より良いものにするためのツール」に過ぎません。

　であるなら、先述したような「判断の振り返りの機会」を提供することもまた、重要な分析業務になるはずです。こういった点を理解できるのは、単に機械的（工学的）な分析を得意とする分析者ではなく、人の心（認知バイアス）を理解した分析者であると筆者は信じています。

　本書で認知バイアスを学んだ皆さまには、単に高度な技術、単に精度が高い分析を超えて、日々限られた情報の中で重要な判断を下している方々の「心の働き（認知バイアス）」にも配慮できるデータ分析者になって欲しいと願っています。

8.3のまとめ

・今後、機械と一緒に判断をする機会は増えることが予想される。

・機械の判断により、人の判断の質を向上させる方法はまだ確立途上である。

・機械の判断に逆らいたくない心理を克服しないと、機械との協働価値は生まれない。

おわりに

　本書では、分析的判断から偏りを除去するために必須の「各種バイアスの知識」を、網羅的に解説させて頂きました。中でも、分析者の心内で働く認知バイアス（私たちを理想的な思考から遠ざける無意識の心の働き）が、その他バイアス（社会的バイアスや統計的バイアスなど）を生み出すより根源的なものであることをお伝えできていたら幸いです。

　本書は、分析で実際に手を動かす人だけではなく、分析の目標を定める人、分析結果をビジネス上の行動に移される方々にも広く読んで頂けるよう、数式を使った解説やデータを用いたテクニカルな分析手順の解説は最小限に留めました。そのため、実際にどんなデータに対し、どんな手順で分析を進めたらいいのか気になった方もいると思います。そのような方は、現在多くの良質な分析関連の解説書が出版されていますので、書店で実際に手に取って自分に合うものを探してみてください。

　自身が手を動かす訳ではないという方々には、皆様の言動の一つ一つが「分析者の心に大きな影響を与える」ことを認識の上で分析に関与して頂けると大変心強く思います。当たり前なのですが、分析者も感情に左右される存在であり、ただ機械的にデータを加工している訳ではありません。分析結果を役立てて欲しいと考える故に、分析関係者の一言によって分析結果が歪められることもあるのです（アンカリングや確証バイアス等をご想像ください）。そんな心理的影響を把握されたら、より専門的な認知バイアス本や集団心理等に関する書籍で、ご自身の持つ他者への影響力の理解を一層深めるのも良いのではないでしょうか。

　ここで本書の締めとして、筆者が執筆中に最も苦しんだバイアスと、本書内で筆者が表現しきれなかったバイアスを紹介させてください。

　まず、筆者が最も苦しんだバイアスは**知識の呪い**でした。これは「一度何かを知った後では、その知識を得る前の自身や他者の気持ちを想像できなくなる傾向」のことです。これを痛感するのは、筆者提出の原稿に対し編集者から「戻し」が届くタイミングです。分析者のための認知バイアスの入門書として、必ずしも分析や各種バイアスを専門とされていない方々を想定し書かなければならないのに、その想定が全くできていない点などを、何度も忍耐強く指導して頂きました。ソシム株式会社の志水宣晴氏には、心より感謝申し上げます。

結局、筆者は単独ではこのバイアスに勝てませんでしたが、今はそれで良かったと思っています。きっと「独力で勝たねばならない」という思い込みこそ、筆者が最初に手放すべきバイアスだったからです。おそらくこのバイアスに限らず、認知バイアスとの戦いはチーム戦なのだと思います。各種バイアスを理解した同僚や組織の分析上のルールが、きっとあなたをバイアスから護ってくれるでしょう。

　次に、筆者が表現しきれなかった「機械との協働」に関するバイアスについてです。具体的には、最終章で紹介した**不作為バイアス**（何もしないことを選ぶ傾向）の他に、これとは真逆の**遂行バイアス**（行動を起こさないよりも起こそうとする傾向）や**自動化バイアス**（人は自動化された機械の出力に過度に依存する傾向）などのことです。

　なぜ、最後にこれらを紹介するのかというと、今後、機械学習技術の進歩と共にこの種のバイアスへの理解が一層重要になると考えているからです。2023年6月、ウォール・ストリート・ジャーナルから「AIと看護師、どちらが判断？ 揺れる臨床現場」というタイトルの記事が出されました。本タイトルから推される通り、現在も課題の多いテーマです。今後、人間同士に留まらず、人間と機械の相互作用に注意を払った判断プロセスの設計が重要になるでしょう。

　こんな時、例えば「不作為バイアスは一般的に遂行バイアスよりも作用は強いが、自信過剰な人ほど遂行バイアスが強まる」といったバイアス間の関係性を把握しておくと、人の判断プロセスの設計に役立つ気がするのではないでしょうか。本書内のメッセージと重複しますが、人のための判断プロセスを設計できるのは、データ分析に興味があり、かつ人の心にも寄り添える本書読者のような方だと信じています。

　最後に贅沢なお願いをさせて頂くなら、先述の分析者をバイアスから保護するルール作りや、人間と機械の協働プロセスの設計に、読者の方々が主役となって挑戦して欲しいのです。もしこれが実現したなら、著者としてこれ以上の喜びはありません。
　本書は以上となります。最後までお読み下さり、誠にありがとうございました。

■た行

◎参考文献

第1章

- ケン マンクテロウ (著), 服部 雅史 (翻訳), 山 祐嗣 (翻訳) 「思考と推論: 理性・判断・意思決定の心理学」 (北大路書房)
- 宮田靖志／監訳, Nicola Cooper, John Frain／原著 「ABC of 臨床推論〜診断エラーを回避する」 (羊土社)
- Croskerry P. (2009). A universal model of diagnostic reasoning. Academic medicine : journal of the Association of American Medical Colleges, 84(8), 1022–1028.
- 橳島次郎 「精神を切る手術——脳に分け入る科学の歴史」 (岩波書店)
- ドミトリ チェルノフ (著), ディディエ ソネット (著), 橘 明美 (翻訳), 坂田 雪子 (翻訳) 「大惨事と情報隠蔽: 原発事故、大規模リコールから金融崩壊まで」 (草思社)
- Janis, I. L. (1991). Groupthink. In E. Griffin (Ed.) A First Look at Communication Theory (pp. 235 - 246). New York: McGraw Hill.
- アーヴィング・L・ジャニス (著), 細江達郎 (翻訳) 「集団浅慮—政策決定と大失敗の心理学的研究」 (新曜社)

第2章

- 相原 守夫 (翻訳) 「医学文献ユーザーズガイド —根拠に基づく診療のマニュアル 第3版」 (中外医学社)
- 稲垣 佳世子, 鈴木 宏昭, 大浦 容子 「認知過程研究—知識の獲得とその利用 新訂 (放送大学大学院教材)」 (財団法人　放送大学教育振興会)
- アンドリュー・リー (著), 上原 裕美子 (翻訳) 「RCT大全」 (みすず書房)

第3章

- マルコム・グラッドウェル (著), 沢田 博 (翻訳), 阿部 尚美 (翻訳) 「第1感「最初の2秒」の「なんとなく」が正しい」 (光文社)
- John M. Gottman et al. 「The Mathematics of Marriage: Dynamic Nonlinear Models」 (A Bradford Book)
- Itiel Dror et al. (2021). Cognitive bias in forensic pathology decisions. Journal of Forensic Sciences, 66 (5), 1751-1757.
- Marianne Bertrand, & Sendhil Mullainathan (2004). Are Emily and Greg More Employable than Lakisha and Jamal? A Field Experiment on Labor Market Discrimination. American Economic Review, 94 (4): 991-1013.

第4章

- E.F.ロフタス (著), K.ケッチャム (著), 仲 真紀子 (翻訳) 「抑圧された記憶の神話:偽りの性的虐待の記憶をめぐって」 (誠信書房)
- リチャード・E・ニュースタット (著), ハーヴェイ・V・ファインバーグ (著), 西村 秀一 (翻訳) 「ワクチン いかに決断するか〔1976年米国リスク管理の教訓〕」 (藤原書店)

第5章

- Malle, B. F. (2006). The actor-observer asymmetry in attribution: A (surprising) meta-analysis. Psychological Bulletin, 132(6), 895–919.
- Margaret Shih, Todd L. Pittinsky, & Nalini Ambady (1999). Stereotype Susceptibility:

Identity Salience and Shifts in Quantitative Performance. Psychological Science, 10(1), 80–83.

・Gregory M. Walton & Geoffrey L. Cohen (2003). Stereotype Lift. Journal of Experimental Social Psychology 39(5), 456–467.

・Perry Hinton (2017). Implicit stereotypes and the predictive brain: cognition and culture in "biased" person perception. Palgrave Communications, 3(1), 1–9.

・アビー・ランドバーグ, ジョージ・ウェスターマンほか「変革型CLOが学習の未来を拓く」『DIAMOND ハーバード・ビジネス・レビュー』2020年6月号（ダイヤモンド社）

第6章

・宮田靖志 (翻訳), 中川紘明 (翻訳)「誤診の解体 診断エラーに潜む認知バイアス」（メディカルサイエンスインターナショナル）

・Moore, D. A., & Healy, P. J. (2008). The trouble with overconfidence. Psychological Review, 115(2), 502–517.

・フィリップ・E・テトロック (原著), 桃井緑美子 (翻訳), 吉田周平 (翻訳)「専門家の政治予測―― どれだけ当たるか？　どうしたら当てられるか？」（みすず書房）

・北岡元「仕事に役立つインテリジェンス 問題解決のための情報分析入門」（PHP研究所）

・Frey, D., & Schulz-Hardt, S. (2001). Confirmation bias in group information seeking and its implications for decision making in administration, business and politics. In F. Butera & G. Mugny (Eds.), Social influence in social reality: Promoting individual and social change (pp. 53–73). Hogrefe & Huber Publishers.

・Convertino, G., Billman, D., Pirolli, P., Massar, J. P., & Shrager, J. (2008). The CACHE study: Group effects in computer-supported collaborative analysis. Computer Supported Cooperative Work (CSCW), 17(4), 353–393.

第7章

・テキサス大学アーリントン校のオープンエデュケーショナルリソースにおける因果関係の解説は https://uta.pressbooks.pub/advancedresearchmethodsinsw/chapter/4-3-nomothetic-causality/ で読むことができます。

・Iyengar, S. S., & Lepper, M. R. (2000). When choice is demotivating: Can one desire too much of a good thing? Journal of Personality and Social Psychology, 79(6), 995–1006.

・Scheibehenne, B., Greifeneder, R., & Todd, P. M. (2010). Can there ever be too many options? A meta-analytic review of choice overload. Journal of Consumer Research, 37(3), 409–425.

・阿部真人「データ分析に必須の知識・考え方 統計学入門 仮説検定から統計モデリングまで重要トピックを完全網羅」（ソシム）

・マシュー・J.サルガニック (著), 瀧川 裕貴 (翻訳), 常松 淳 (翻訳), 阪本 拓人 (翻訳), 大林 真也 (翻訳)「ビット・バイ・ビット -- デジタル社会調査入門」（有斐閣）

第8章

・Anders Fournaise et al. (2023). Structured decision support to prevent hospitalisations of community-dwelling older adults in Denmark (PATINA): an open-label, stepped-wedge, cluster-randomised controlled trial. Lancet Healthy Longev. 4(4):e132-e142.

◎著者紹介

山田　典一（ヤマダ　ノリカズ）

株式会社クリエイティブ・インテリジェンス代表取締役。2000年代後半から始まった日本におけるデータ利活用のトレンド（データマイニング、データサイエンス、ビッグデータ、第三次人工知能ブーム）の中、ビジネスの最前線で一貫してアナリティクス業務に従事。データサイエンスや機械学習を活用した意思決定支援やデータ分析人材の育成支援を行っている。
論文「情報の非対称性とインテリジェンスの価値」で日本コンペティティブ・インテリジェンス学会論文賞を受賞。著書に「東京大学のデータサイエンティスト育成講座」（マイナビ出版、塚本邦尊らとの共著）がある。

学歴
1996.4　東京工業大学第5類入学
2000.3　東京工業大学情報工学部卒業
2000.4　東京工業大学大学院社会理工学研究科入学
2002.3　同修士課程　修了（工学修士）

職歴
2002.4-2004.3　株式会社富士総合研究所
2005.12-2007.6　ヤフー株式会社
2007.8-2012.8　株式会社ブレインパッド
2012.9-2013.7　グリー株式会社
2013.8-2016.3　カタリナマーケティングジャパン株式会社
2015.11-現在　株式会社クリエイティブ・インテリジェンス

カバーデザイン：植竹裕（UeDESIGN）
本文デザイン・DTP：有限会社 中央制作社
本文イラスト：yasu

■注意

(1) 本書は著者が独自に調査した結果を出版したものです。

(2) 本書の一部または全部について、個人で使用する他は、著作権上、著者およびソシム株式会社の承諾を得ずに無断で複写／複製することは禁じられております。

(3) 本書の内容の運用によって、いかなる障害が生じても、ソシム株式会社、著者のいずれも責任を負いかねますのであらかじめご了承ください。

(4) 本書に掲載されている画面イメージ等は、特定の設定に基づいた環境にて再現される一例です。また、サービスのリニューアル等により、操作方法や画面が記載内容と異なる場合があります。

(5) 商標

本書に記載されている会社名、商品名などは一般に各社の商標または登録商標です。

データ分析に必須の知識・考え方 認知バイアス入門
分析の全工程に発生するバイアス その背景・対処法まで完全網羅

2023 年 9 月 7 日 初版第 1 刷発行
2023 年 9 月 13 日 初版第 2 刷発行

著者 山田 典一
発行人 片柳 秀夫
編集人 志水 宣晴
発行 ソシム株式会社
https://www.socym.co.jp/
〒 101-0064 東京都千代田区神田猿楽町 1-5-15 猿楽町 SS ビル
TEL：(03)5217-2400（代表）
FAX：(03)5217-2420

印刷・製本 株式会社暁印刷

定価はカバーに表示してあります。
落丁・乱丁本は弊社編集部までお送りください。送料弊社負担にてお取替えいたします。
ISBN 978-4-8026-1426-9 ©2023 Norikazu Yamada Printed in Japan